織田憲嗣の

世界の名品・定番品
その愛される理由

SASSOKUSHA

はじめに

20世紀は科学技術の世紀と言っても過言ではない。そうした20世紀のデザインを概観するとミッドセンチュリー期に優れた作品が集中していることが分かる。それがモダニズムから生まれた作品群である。

科学技術とデザインは密接なつながりがあり、新しい科学技術が開発されると、それまでにない新しいデザインが生まれた。デザインは時代の証人でもある。例えば１９２０年代のプレモダンの頃に開発された金属加工技術、スチールパイプの押し出し成形技術は、ユニークな片持構造＝カンチレバーチェア〈チェスカチェア／Ｐ・16〉を生み出した。そして１９４０～５０年代における整形合板の３次元曲面化の技術は極めて安楽性の高い椅子の背と座を実現し、さらに大量生産をも可能にした〈イームズＬＣＭ／Ｐ・38〉。また、１９５０～６０年代には、石油を原料としたプラスチックが家具を含む多くのプロダクトデザインの分野に革新的なデザインを誕生させた〈サッコ／Ｐ・１０８〉。プラスチックはそれまで不可能と思われていた造形や構造をユニークなアイデアで次々と具現化したのだ。

こうしたそれぞれの時代の動きや流れを敏感に察知し、その流れをつかみ、自らのデザインに採り入れたデザイナーたちだけが名作と言われる作品を生み出すことができたと言えるだろう。

一方、20世紀後半になると、モダニズムに対するアンチテーゼとしてのポスト・モダニズムが台頭してくるが、そのムーブメントは一過性のものであり、機能性を無視したデザインの永続性はなかった。そうしたデザインに対してミッドセンチュリーの頃に生まれた名作と呼ばれる作品たちの壁はあまりにも厚く、高かった。そのため、後のデザイナーたちにとって現在の状況はあまりにもハードルが高く、おのずとアートの領域に足を踏み入れてしまい、「より多くの人たちのために」というデザインの本質から少しずつ離れていき、アートオブジェと見まがうような自己満足的なものづくりや、それぞれの作品の価値判断を見る側・使う側に委ねるものなど、あらゆるデザインの分野で似た現象が起きている。こうした状況の中から、30年、50年後に名作と呼ばれる作品が生まれるのか、私は悲観的な思いを抱かざるを得ない。

優れたデザインは生活を豊かにするとともに社会を美しく整える効果があると信じたい。

INDEX

※本書籍は、住宅雑誌「Replan北海道」のvol.58（2002年9月発行）からvol.147（2024年12月発行）までの連載をまとめたものです。
一部内容においては連載当時の情報となるものもございますので、ご了承ください。

※本書籍で紹介する製品の中には、すでに製造中止・販売終了したものも含まれております。
※各製品の仕様に関しては、書籍初版の発刊時点（2025年3月）の最新情報となります。

1859年｜Bentwood Chair No.14 -214-

ブランド：THONET（トーネット）
デザイナー：Michael Thonet（ミヒャエル・トーネット）
素材：フレーム／ビーチ、座面／籐＋サポートメッシュ
サイズ：W43㎝×D52㎝×H84㎝、SH46㎝

近代椅子のデザインは大別すると次の4つのルーツがあげられる。(1)イギリスのウィンザーチェア。(2)中国明代のチャイニーズチェア。(3)アメリカのシェーカーチェア。(4)ミヒャエル・トーネットにより考案されたベントウッドチェアである。

曲木椅子の代名詞とも言える、トーネットの〈ベントウッドチェア・モデル№14〉ほど後世の家具デザインに影響を与えたものはなく、椅子のデザイン史上最も重要な作品である。

椅子というものは19世紀中頃までは、それまでの芸術や建築の様式を取り入れたものが中心で、権威の象徴としての色彩が強いものであった。一般大衆は身近な材木を利用したバナキュラーなものを使用しており、それらは農民家具と呼ばれたりした。また、この頃は産業革命により、人口の都市部への流入が盛んになり、そうした人たちのための家具が必要となった時代でもあった。

そんな時代に考案されたのがこの椅子であった。トーネットは一般大衆のために大量に供給する条件、すなわち安く、大量に、誰にでも受け入れられるシンプルなデザインで、かつ均質なものを実現したのである。そのために彼はいくつかの画期的なことを行った。それは、(A)当時家具材として利用されていなかったため、ヨーロッパ中に大量に自生していたブナ(ビーチ)材を安価で利用した。(B)ブナの自生地に工場を建設し、材料の搬送費を抑制した。(C)木の繊維を断ち切ることなく、材料を蒸気熱で曲げたため、軽く丈夫な部材が生まれた。(D)この加工は熟練工の技術を必要とせず、労働賃金の低い女性や子どもたちも従事できた。(E)各工場がパーツごとに製作し、それらを集荷し組み立てる「ノックダウン構造」は、分解した状態で送るため、送料を著しく抑えた。(F)この構造は破損した場合、パーツのみの取り換えができた。(G)線的構造のため、バリエーションが次々と誕生した。(H)分解した状態では、在庫品の収納においても倉庫の省スペース化を可能にした。(I)よく似たモデルの間では共通のパーツを使用することができた。(J)小さな端切れ材も家具のパーツとして有効利用した。(K)カタログ販売を中心とした販売網を整備した。こうしたさまざまなアイデアを実現していった結果、この№14の椅子は1900年頃には5000万脚もの数を売り上げた。そして現在では、たった一つのモデルで2億脚以上を売り上げている。

1897年｜Swiss Army Knife

ブランド：VICTORINOX（ビクトリノックス）

スパルタン
素　材：ABS樹脂／セリドール樹脂
サイズ：W9.1㎝×D2.6㎝×H1.4㎝
カラー：レッド、ブラック、ホワイト、カモフラージュ、ブルー トランスペアレント、シルバーテック
ハントマン
素　材：ABS樹脂／セリドール樹脂
サイズ：W9.1㎝×D2.6㎝×H2.1㎝
カラー：レッド、ブラック、ホワイト、カモフラージュ、デザート カモフラージュ、ネイビー カモフラージュ、
レッド トランスペアレント、ブルー トランスペアレント、シルバーテック

70歳以上の男性なら、幼い頃、誰もが手にした「肥後《ひごの》守《かみ》」というポケットナイフがある。折り畳み式で、当時数十円で購入できたものだ。男子のみならず、女子児童も鉛筆削り用に文房具の一つとして所持していたように思う。それは小学校入学時に親が子に買い与えていたものだ。今ではそうした刃物を持ち歩くこと自体、考えられないが、当時はごく当たり前のこととして持たせてくれたのだ。

刃物というものは、その使い方を誤ると、自らけがをするだけでなく、他人をあやめる凶器にもなり得るものである。親は子を信頼して与え、子は刃物を使う中で小さなけがを経験し、使い方を覚えていくのである。そのため、このナイフは鉛筆削りのほか、野山での遊びのためにも欠かせない必携の道具であった。刃物に限らず、道具はその手入れを怠るとたちまち使い勝手が悪くなる。そのため、この小さなナイフを自ら砥石を使って研ぎ、自分の手によくなじむものとなっていったのである。

時代は移り、現代の若者はと言えば、信じられないことに刃物を使って鉛筆が削れない。これは幼い頃から刃物を使った経験がまったくないからである。人間は太古の昔に石器を使い、ものを切り、削り、加工をしてさまざまな道具を生み出してきた。そうした根源的な人間力が今著しく失われつつある。便利さや快適さが、動物としての人間力、手を使った表現力を退化させているのだ。この傾向はIT技術の普及とともに、より一層顕著になっている。指の使い方がかつてとは大きく異なり、単にキーボードやボタンを押すだけになり、手指の筋肉の使い方が変化してしまった。

ここで紹介するのはスイスの名品、ビクトリノックス社の〈スイスアーミーナイフ〉である。同社は1884年、カール・エルズナーによってスイスのイーバッハで創業された。現在のアーミーナイフの原形とも言うべき「オフィサーナイフ」には大刃、小刃、穴開け、缶切り、ドライバー、コルク抜きの6つのパーツが備わっていた。それはわずか2つのバネで支えられたかつてないメカニズムであり、1897年には特許を取得。その使いやすさから数多くの類似品が登場。そのためオリジナルであることの証として、スイス国章の十字が刻印されたのである。

スイスアーミーナイフは世界各地のデザインミュージアムで永久展示品に選定されたり、スペースシャトル乗員の標準装備品となるなど、世界がその価値を認めている。

私は今まで何人かに、中学入学祝いとしてこのナイフをプレゼントしたことがある。屋外で遊ぶことが少なくなった現代の子どもたちに、道具の原点とも言うべきこのスイスアーミーナイフが、かつての肥後守のような必携のツールとなる日がくることを願いたい。

1920年代 | Kellner Steckfiguren

ブランド：Kellner Steckfiguren（ケルナースティックフィグーレン社）
デザイナー：Georg kellner（ゲオルク・ケルナー）
素　材：木製パーツ／ビーチ、ジョイント／プラスチック（TPE）
サイズ：各種

美に対する価値判断の基準は時代により変化する。しかしながら、いつの時代にあっても変わらぬ不変的な美しさ、時に左右されない感性、審美性は存在するものだ。

屏障具や絵巻物に描かれた個性あふれる人物や動物の表現には素晴らしいものがある。俵屋宗達の「風神雷神図」や、京都の高山寺に伝わる国宝の「鳥獣戯画」に登場するキャラクターの躍動感ある筆致には驚かされる。時空や民族の垣根を超えた、誰もが認める美しさがある。

最近キャラクターデザインがもてはやされている。世界的に有名なものとして、アメリカのミッキーマウスをはじめ、イタリアのピノキオ、フィンランドのムーミン等々、世界中の人たちに親しまれ、そのキャラクターデザインは高く評価されている。日本でも漫画の主人公として、のらくろ二等兵や鉄腕アトム、鉄人28号など、大人から子どもまで幅広い年齢層に支持されてきた。それらのキャラクターは半世紀を経た今も風化することなく人々の心の中に生きている。

一方、ここ数年、日本のサブカルチャーとして世界が評価する漫画やアニメーションのブームに便乗するかのように「ゆるキャラ」が日本各地に次々と生まれている。そのキャラクターデザインの幼稚さ、稚拙さ、醜さは嘆かわしいの一言に尽きる。キャラクターデザインは平面に描かれた場合と、立体物として製作された場合にはまったく別物になるのだ。次元の違いを理解しないためプロポーションのひどい、見るに堪えないキャラクターデザインのいかに多いことか。幼児に受け入れられることを前提としたデザインのため30年、50年後にも残るようなものは皆無だ。感性の低年齢化とも言える現象である。日本においてこれほど美醜に対して無知・無関心な時代が過去にあっただろうか。

ケルナースティックフィグーレン社はゲオルク・ケルナーにより、ドイツのライプツィヒに一世紀前に創業された玩具メーカーだ。ゲオルクによって考案されたさまざまなキャラクターは多様なパーツを自由に組み合わせることで無限とも言える子どもたちの想像力を高めるのだ。このシリーズには創業当時に生まれたカエルやウサギ、ネズミなど身近な動物がキャラクターデザインされている。1920年代には旧東ドイツでベストセラーとなったが、戦争でその生産は中止されていた。その後、孫のハンスにより1993年、ケルナースティックシリーズとして復刻され、97年には新しいキャラクターも加わり、その市場は世界にまで広がったのである。一世紀を経ても色あせることのないこのシリーズは木製玩具の本質的な良さを伝えている。2000年にはドイツ木製玩具デザイン賞を、2001年には優れた日用品に与えられるチューリンゲル賞を獲得している。私は常々、かわいいデザインから、ひとかわをむくと、いいデザインが残ると思っている。

1922年｜ML10097 Egyptian Table

ブランド：CARL HANSEN & SØN（カール・ハンセン＆サン）
デザイナー：Mogens Lassen（モーエンス・ラッセン）
素材・仕上げ：オーク、ウォールナット（オイル）
サイズ：H52㎝、Φ85㎝/Φ100㎝

古代エジプトでは第１王朝時代（紀元前３１００年頃）には雄牛の脚を模した腰掛けが使われていた。それらは象牙や木製のもので、ロンドン大学のピートリー博物館やニューヨークのメトロポリタン美術館に所蔵されている。また、背もたれ付きのものは第２王朝のセエフネルの石碑に見られる。背もたれに肘が付いた椅子の現存する最古のものとしては、第４王朝の王妃ヘテプヘレスの椅子（紀元前２７２３年頃）がある。この椅子が発見された際には、肘掛け椅子２脚に加え、ベッド、天蓋一式、高台、化粧箱などがあった。また、１９２２年イギリスのハワード・カーターたちによって発掘されたツタンカーメン王（紀元前１３６１年〜１３５７年頃）の墳墓からは黄金で飾られた玉座のほか、椅子、腰掛け、テーブル、三つ折りベッド、櫃（ひつ／蓋付きの箱）、物を置くためのスタンド、燭台など、家具類だけでも50数点が発見され、世界的なニュースとなった。それらの家具類の多くは、現在私たちが使用している一般的な家具と基本的にはほとんど同様の構造や機能であり、３０００年以上前の時代に家具の完成形を見ることができる。

ツタンカーメン王の発掘品の中に見られる腰掛けにはいくつかのタイプが存在するが、中でもＸ型に交差する折り畳み式の腰掛けはドイツのスタットリッヒ博物館に所蔵されており、後年、デンマークの王立芸術アカデミーの教授を務めたオーレ・ヴァンシャーにより復元・商品化されたことでも知られるものだ。古代エジプトの家具やアフリカのプリミティブな腰掛けは、ハワード・カーターの発見により、ヨーロッパの家具デザイナーたちにも驚きを持って迎えられ、アール・デコ様式の家具にデザインされ、多くのデザイナーたちがそれらを発表したのである。

Ｘ型の脚は古代エジプトでは折り畳み式となっていたのに対して、アール・デコの作家たち、例えばミース・ファン・デル・ローエや、ジャック＝エミール・リュールマン、ジャン＝ミシェル・フランクらのデザインしたＸ型の腰掛けでは固定された構造となっていた。一方、北欧のデザイナーが手がけたＸ型の脚は、ほとんど例外なく折り畳み式の構造となっていることは極めて興味深いことだ。

モーエンス・ラッセンの〈エジプシャンテーブル〉は、１９２２年ツタンカーメン王の遺物の大発見の年にデザインされている。当時の新聞等の報道により、Ｘ型の脚部のデザインを考案したのかもしれない。作品名からも古代エジプト家具デザインがそのルーツであることは明らかである。

このエジプシャンテーブルは、数年前までデンマーク最古の家具メーカー、コペンハーゲンのルド・ラスムッセン社で製作されたものである。しかし、同社はＹチェアで有名なカール・ハンセン＆サン社に買収され、その長い歴史に幕を閉じた。ルド・ラスムッセン社の立派なショールームの入り口を入ると、大型の革装丁の芳名録があった。そのページをめくるとアメリカの歴代の大統領や世界各国の元首の名前があり、日本の総理大臣の名前も見られ、私などがサインをするのがはばかられた。北欧では歴史ある有名企業が吸収合併されることが頻繁に起きている。長い歴史の中で培われたものづくりの精神は、いとも簡単に失われていく現実がある。そうした事態を防ぐのは私たちが良いものを買い支えていくことではないだろうか。

1926年｜DUX Bed

ブランド：DUX（デュクス）
メーカー：DUXIANA（デュクシアーナ）
モデル：DUX 80
素　　材：再生可能素材
サイズ：W80～210㎝×H65㎝×L200／203／210㎝
マットレスタイプ：2段

動物・植物を問わず、生物は大自然の周期（主に太陽との関係）に支配されている。それは睡眠と活動の繰り返しであり、生物は昼と夜だけでなく、四季による周期においても、それぞれの季節に合わせた変化で生き延びてきたのである。

人類は眠ることで大脳を休息させているが、具体的には意識の消失（失神や昏睡とは区別される）や刺激に対する反射性の減退であり、体温や脈拍、呼吸などが活動時よりもわずかに低下するが、発汗だけは逆に増加する。睡眠時間は乳幼児では長く、年齢を重ねるごとに短くなるが、成人で社会活動がさかんな世代では7時間が理想的とされる。

一般的に人間は日光を浴びることで体内時計がセットされると言われており、生理的に最も活動に適した時間帯は起床から12～13時間と考えられている。睡眠時間は年代や職業、それに仕事の繁忙により個人差がある。1日の睡眠時間が4～5時間の人をショートスリーパー、9時間以上の人をロングスリーパーと呼ぶ。睡眠には浅い眠り「レム睡眠」と深い眠り「ノンレム睡眠」があり、一晩の睡眠時間の中でこの2種類の睡眠状態が繰り返されることが知られている。レム睡眠は夢を見たり、覚醒状態に近く体は弛緩しており動きのない状態である。金縛りはこのレム睡眠中に起こるようだ。一方、ノンレム睡眠は寝返りをしたり、成長ホルモンなどの分泌が活発になる。「寝る子は育つ」と言われるのは深い眠りから生まれたことわざであろう。

現代人、特に最近の日本人の睡眠時間の少なさはOECD（先進38ヵ国から成る経済協力開発機構）の調査によると加盟国中最低とされている。インターネットやスマートフォンの普及により、いつでもどこでも仕事が可能になったが、便利さとは逆に、仕事の緊張から解放されることもなくなり睡眠時間が削られ、「睡眠負債」という言葉まで生まれている。睡眠負債は業務能力の低下や生産性の低下を招き、国全体のGDP（国内総生産）を押し下げる要因にもなりかねない大きな問題である。

ここで紹介するベッドはスウェーデンのデュクシアーナ社のもの。同社は椅子の安楽性を生涯追求したブルーノ・マットソンのメーカーとしても有名だ。1926年、エフライム・ユンによって創業され、写真の〈デュクスベッド〉は究極のベッドとして知られる。このベッドには高品質なスウェーデン鋼の連続ワイヤー相互接続スプリングが使用され、体圧分布を理想的なものとしている。また、硬さの異なるスプリングカセットが肩部・腰部・脚部と3ヵ所に配置され、身体状態に応じて位置を変えることができる。このほか腰椎保護機能や独立したトップパッドなど睡眠科学を徹底的に研究して生まれたものだ。世界の超一流ホテルだけが採用していることからもその品質は折り紙付き。睡眠の時間や質が問題視されているが、筆者はこのベッドで自身の睡眠問題のすべてを解決することができた。

1928年 ｜ Cesca Chair

ブ ラ ン ド ： Knoll Studio（ノル スタジオ）
デザイナー ： Marcel Breuer（マルセル・ブロイヤー）
素材・仕上げ ： ストラクチャー／スチールパイプ（クローム）、フレーム／ウッド（ライトビーチ、ブラックビーチ）、座・背／ラタン
サ イ ズ ： W56㎝×D58㎝×H80㎝、SH46㎝

昨今の問題として、偽装や偽造がある。それらは企業によるものや、ある国の地域全体が関わったものから、国家が直接関与したものまで、その闇は際限がない。それらの多くは「本物」よりもはるかに安い価格で製造することで「本物」の市場をむしばんでいる。当然「本物」を製造しているメーカーは莫大な損害を被ることになる。現在、日本の近隣諸国で盛んに日本製品や、世界の有名ブランドの品々が違法に製造され、国際問題にまで発展しているが、実は40〜50年前の日本でもそうした行為は公然と行われていた。

家具の世界においてもこうした問題は存在している。かつて1960年代に日本の家具メーカーが北欧からサンプル輸入したものを無断で製造販売し、訴えられたこともあった。また、大手ゼネコンが手がけたプロジェクトの物件に、似て非なるものが大量に納入されたこともある。

そもそも人がオリジナルなものとして生み出したものには「著作権」が認められており、著作権法によって国際的にその権利者は保護されているものだ。著作権とは「著作者が自己の著作物の複製・発刊・翻訳・興行・上映・放送などに関し、独占的に支配し利益をうける排他的な権利。著作権法によって保護される無体財産権の一種。原則として創作時から著作者の死後50年間存続する。」（三省堂・大辞林より）とある。人がオリジナルなものを生み出すことは並大抵のことではない。類まれな才能をもって生まれた作者が努力と精進に励んだ末に生まれるものであろう。さらに家具の分野においては、作者のそうした努力に加えて、メーカーの協力なくして作品が世に出ることは難しい。その商品化に向けての開発に関わるコストは大変な金額に上るものである。偽造はこうしたすべてのプロセスをまったく無視したうえで、巨額の利益を得ようとする犯罪行為でもある。

ここで紹介するマルセル・ブロイヤーの〈チェスカチェア〉は、その構造のオリジナル性でマルト・スタムと裁判にまで発展し、結果的に争いには敗れたが、作品としての著作権は獲得したものだ。そのネーミングは、ブロイヤーの娘「フランチェスカ」の愛称からである。このチェスカチェアほど世界で偽造された椅子はないと言われている。それらの中にはスチールパイプを少しでも短くしてコストを下げたものや、スタッキング機能をもたせたもの、クロームメッキの段階で手抜きをしたもの等々、さまざまな苦労（?）の跡が見てとれる。いずれにしても、コピーされるということは一流であり、本物ということの証と言えるのではないだろうか。

1932年｜Armchair 41 "Paimio"

ブランド：Artek（アルテック）
デザイナー：Alvar Aalto（アルヴァ・アアルト）
素　材：バーチ（ラメラ積層合板曲げ加工）、バーチ成形合板
サイズ：W60㎝×D80㎝×H64㎝、SH33㎝

産業革命以降、家具を含むプロダクトデザインの分野では科学技術の進歩とともに新しいデザインが次々と生まれた。

木製品の場合も同様で、木を加工する場合、削り出しから始まり、木を曲げる技術へと進化する。その初期のものとして橇《そり》がある。木を下加工した後、大きな釜で煮て木の可塑性《かそせい》を利用して曲げるのである。また、曲げ加工の高度な技術が確立されたのは家具の分野であった。現ドイツのボッパルトに生まれたミヒャエル・トーネットは宮廷専属の家具職人であった。独立すると産業革命によって都市部の人口が増加。その人たちの家具の需要を見越して、それまでのオーダーメイドの家具からレディメイドの家具、つまり大量生産の家具を考案したのだ。そこで生まれたのが曲木製の椅子で、1857年に発表されたモデル№14（P・6）の椅子は現在も生産されており、これまでに2億脚以上が販売されたと言われている。この椅子の初期のものでは薄板を膠《にかわ》で張り合わせて曲げていたが、やがて無垢板を蒸気熱で蒸して3次元に曲げることに成功。量産を可能にしたのである。

トーネットの曲木椅子は線的構造であったが、やがて積層合板を使った面的構造の椅子が考案され、大きな曲面を曲げる技術が開発されていった。その代表的な例としてジェラルド・サマーズによる1枚の積層合板に切れ込みを入れ、曲げ加工を加えることで椅子の各パーツを生み出すワンピースチェアがある。

フィンランドの巨匠、アルヴァ・アアルトの名作〈パイミオチェア〉も面的構造の代表的なものであろう。大きな曲面のシートとサイドフレームからなるユニークな椅子である。2つのサイドフレームとシート部分は、いずれも1つの方向にのみ曲げられた2次元曲面で構成されている。この椅子はパイミオに建設されたサナトリウム（結核療養施設）の設計コンペティションで1位となり、その設計とともにそこで使われる家具などの設備類もすべてアルヴァ・アアルトが手がけることになったのである。

結核病の患者には胸を広げて呼吸をしやすくすることが求められたため、この椅子に掛けると自然にその姿勢になるのだ。しかし、健常者には必ずしも掛け心地は良くない。最も荷重のかかる座面は、背の部分と比べ数ミリ厚い不等厚成形となっている。また、背には水平に4本のスリットが入っているが、これは丸鋸で切れ込みを入れただけで、それらの両端は丸鋸の跡がそのまま残されている。また、時にはスリットを入れ忘れたものもあり、フィンランド人のおおらかさには驚かされる。

2つのサイドフレームはすべてがつながっており、どこで接合しているのか分かり難い。実は床に接する部分で斜めにカットして前後をつなぐ手法、スカーフジョイントの技術が用いられており、一見しただけではその部分は見分けられない。この作品を製造しているアルテック社はアルヴァと妻アイノ、友人達の4名で設立した会社である。アアルトは建築家としてのみならず、デザイナー・アーティスト・実業家としても成功した人物だ。

2次元曲面の座面は1940年代に入り、アメリカのチャールズ&レイ・イームズ夫妻によって3次元曲面のシート面の実用化へと進化、椅子デザインの機能性を高めた。さらにそうした技術は進み、半球面状のスーパー成形と呼ばれるものまで登場している。

1932年｜MK99200 Folding Chair -Grand Child Chair-

ブ　ラ　ン　ド：GETAMA（ゲタマ）
デザイナー：Mogens Koch（モーエンス・コッホ）
素材・仕上げ：フレーム／ピーチ、肘／レザー、背・座／ホワイトキャンパス
サ　イ　ズ：W37㎝×D37㎝×H61㎝、SH35㎝

西欧には子どものためにつくられた家具、中でも子ども椅子に優れたものが多く見られる。それは子どもを「一個の人格をもった小さな人間」と捉えていることによるものと言える。子ども用だからといって間に合わせの低価格なものではなく、機能的で美しく、そして安全性に配慮されたものだ。

最近では、日本でも子ども椅子が注目され始めた。そのきっかけとなったのが、北海道東川町で２００６年に始まった「君の椅子」プロジェクトだと言っても過言ではない。本来、椅子には２つの意味がある。すなわち、物理的な意味の「身体を受けとめ支える支持具。腰を掛けるための道具」である。そしてもう１つは精神的な意味「地位を表す。権威の象徴」としてのものだ。この２つの意味に新たな意味を加えたのが「君の椅子」である。新生児の誕生を祝い、町からプレゼントされる小さな椅子に込められた意味は、「生まれてきてくれてありがとう。君の居場所はここだよ」という、物理的かつ精神的な意味を併せもつものだ。

昨今、子ども椅子を見る機会が多くなったが、ひとつ気になるのはそのプロポーションである。幼い子どもが使用することを想定しているにもかかわらず、そこに使われている部材は大人用のものと変わらない太さである。つまり、小さな椅子なのに部材が異様に太く感じられ、全体としてのバランスが悪く、しかも幼い子どもが動かすには重すぎるようだ。

そうした観点から北欧のものを見ると、子ども用も大人用と変わらない美しいプロポーションを保っている。つまり、大人用の椅子を子ども用のサイズにまでスケールダウンしているのだ。残念ながら日本の家具デザイナーや木工家にはこうしたデザインアプローチは見られない。子どもの体型は大人とは異なり、その体型は成長とともに変化する。そのため、子どもが自分の椅子を使用する期間は限られる。しかし、想い出のこもった小さな椅子は、それ自体に存在感があり、美しいインテリアアクセサリーとして、新たな機能をもつ。

ここで紹介するデンマークのモーエンス・コッホのフォールディングチェアの大人用は、１９３２年に発表されたものであるが、当時、あまりにもデザインが斬新すぎたのか商品化されず、１９６０年にインテルナ社により、やっと量産されたものだ。大人用と子ども用ではその部材のサイズが異なり、プロポーションの美しさはまったく損なわれていない。この子ども用のモデル〈グランドチャイルドチェア〉は、フィン・ユールが友人の子どもにプレゼントするために特別に注文したのが始まりだ。１８６９年創業のデンマーク最高級家具メーカー、ルド・ラスムッセン社で商品化され、現在はゲタマ社で製造。子ども用でも最高の技術と素材でつくられている。

1936年｜Alvar Aalto Collection -Savoy-

©Fiskars Group

ブ ラ ン ド：iittala（イッタラ）
デザイナー：Alvar Aalto（アルヴァ・アアルト）
素　　材：無鉛ガラス
サ イ ズ：各種

北欧に優れた日用品が多いのは、19世紀から20世紀初頭にかけて、北欧各国でクラフトマンやアーティスト、デザイナー、建築家たちによって設立された、さまざまな協会の運動によるところが多い。1844年にはスウェーデン美術工芸学校が、続いて1845年スウェーデン・クラフト&デザイン協会、1871年フィンランド工芸学校、1874年スウェーデン・テキスタイル・アート友好協会、1875年フィンランド・クラフト・デザイン協会、1879年フィンランド手工芸の友、1894年スウェーデン家庭工芸協会、1907年デンマーク工芸協会、1918年ノルウェー応用美術協会等が相次いで設立されたのである。これらのさまざまな団体が目標としたのは、上流階級が使用する美術工芸品ではなく、一般大衆が普段使用する日用品の質的向上であった。特にスウェーデン・クラフト&デザイン協会が1919年に行った宣言は有名なものである。それは「日用品をより美しく」というもので、これには北欧各国が賛同し、一種の国民運動となった。この運動の根底に流れていたのは、民主的で社会的な考えから生まれた平等主義であった。こうした各種団体は、優れた日用品の収集とその普及に努めたのである。

フィンランドでのガラス工業は古く、1680年にウーシカウプンキに最初のガラス工場が生まれ、その後もいくつかのガラス工場が設立された。〈サヴォイ〉という通称で呼ばれているアルヴァ・アアルトのフラワーベースは、フィンランドを代表するブランド、イッタラのものである。同社は1793年、ヌータヤルヴィ村にヤコブ・ヴィルヘルム・デュポンとハラルド・フューレイムによって設立されたことに始まる。その後、工場は拡張され、近くのイッタラ村に1881年新しい工場が建てられ、イッタラとなったのである。

同社はアアルトをはじめ、タピオ・ヴィルカラやカイ・フランク、ティモ・サルバネヴァ、オイヴァ・トイッカ等の優れた才能をもつ人たちとの協力関係から、世界のトップレベルになるまで登りつめた。

このフラワーベースは、フィンランドに無数に存在する湖の形をモチーフとしたもので、ここに見られる曲線はアアルトの有機的な曲線（曲面）として、彼の建築にもよく見られるものと同種のものと言える。その製法は、木製の型にガラスを吹き込む「型吹き」によるものである。そのため同じモデルでも、そのラインが微妙に違っている。写真のシリーズは高さを変えてカットしており、その表情がそれぞれ違う。北欧を代表する「美しい日用品」だ。

1936年｜Shoemaker Stool

ブランド：WERNER（ワーナー）
素　材：ビーチ
サイズ：SH22cm・27cm・42cm・49cm・59cm・69cmまで各種

ライフスタイルの欧米化は、ファッションをはじめ、食事や暮らしなどあらゆる分野において見られる。しかし、ほんの半世紀ほど前に椅子という道具が日本の家庭に取り入れられるまでは、土間や板の間、座敷といった生活空間の中での床座が中心であったのである。

　かつての農家には土間が当たり前にあり、冬季や雨で野良仕事ができない日はこの土間が農作業の中心的な場となっていた。そこは文字どおり、土を固めてつくられた空間であり、土足のままでの生活空間であった。今ではすっかり姿を消してしまった空間であるが、内と外の両方の性格をも持ち合わせたような空間は、もっともっと見直されてもいいのではないだろうか。

　実はこの土間はかつての北欧でもごく普通に見られたものだ。デンマーク各地から集められた民家の博物館やスウェーデンの同様のスカンセンミュージアムなどには、さまざまな草葺きの民家が移築・展示されている。それらの民家にはほとんどと言っていいほど土間がある。日本の土間との大きな違いは、その床の仕様であろう。北欧のものは床一面に丸味をおびた20センチくらいの大きさの石が敷きつめられているのである。床面が平らではないため、生活面でいろいろと問題がありそうな気がする。しかし、どの住宅でも石敷きの土間ばかりである。このような床で椅子座の暮らしを考えると、4本脚の椅子ではとても安定感は得られない。そこで考案されたのが3本脚の腰掛けや椅子である。

　写真の〈シューメーカースツール〉は15世紀頃、デンマークで使われていた乳しぼり用のミルクチェアから派生したものと考えられる。17世紀になると木靴が盛んに生産され始め、そこで靴職人たちが自分用につくり出したのがシューメーカースツールである。初期のものは半円形の無垢材に3本の棒脚を差し込んだだけのものであったが、使い続けていくうちに、座面が尻の形に摩耗していき、身体になじむ形を生み出したのである。

　現在の形になったのは１９３６年からで、貫を入れ、強度を高めている。第二次世界大戦で生産が中止されたが、１９８０年ワーナー社で再び商品化され、２００６年には子ども用のサイズやテーブルまでもがそろえられた。

　デンマークに3本脚の名作椅子が数多く生まれたのは、このスツールと同じ土間の文化からのものであろう。しかし、アメリカではＰＬ法（製造物責任法）により、製造も販売も禁止されている。訴訟社会の国ではこうした美しいデザインが排除されていることに、驚きを禁じ得ない。

1938年｜Grand Prix Series

ブ ラ ン ド：KAY BOJESEN DENMARK（カイ・ボイスン デンマーク）
デザイナー：Kay Bojesen（カイ・ボイスン）
素材・仕上げ：ステンレス（マット加工・ミラー）
サ イ ズ：各種

世界にはさまざまな食の文化があり、料理だけでなく、それらを調理するための道具や、器も多種多様である。そして、その調理された料理の食べ方もさまざまである。

その方法としてまずあげられるのが、手指を使って料理を口に運ぶ食事法。これはイスラム圏の国々で見られるものである。この場合、左手は不浄の手として食物に触れてはならないとされており、食事は必ず右手でのみ行われる。やむを得ず料理を２つの手で取り分けなければならない際には、他人の右手を借りるということになる。

次にあげられるのが箸による食事法。箸のルーツは中国にあり、その食文化とともに周囲の国々に伝播されていったものと考えられる。箸は片手でさまざまな形や素材の違う料理を自由につかむことができ、また、あまり硬くないものであれば切り分けることも可能である。中国の箸は一般的に長い。これはテーブル中央の皿から各自が自分の取り皿に料理を取るためである。その長い箸の先端がカットされているのは、かつて宮廷で暗殺用の道具として箸を利用させないための工夫であった。また、日本の宮中において銀製の箸が使われたことがあった。銀は料理に混入された毒に対して変色するため、謀略を未然に防ぐことがその目的であった。

箸の文化圏にもそれぞれ違いがあり、朝鮮半島や中国ではスプーンが併用されている。このスプーンに対して、日本では大振りな杓子が用いられるが、これは直接料理を口に運ぶものではないようだ。

最後にあげられるのが、ナイフ、フォーク、スプーンである。日本ではこれらをカトラリーと呼ぶ。しかし、カトラリーとは刃物類の意味であり、フォークやスプーン、サーバー、パストライザー、ウィスクなどは刃物ではないため、こうした食事用金物を総称してフラットウェアと呼ぶ。フラットには手のひらの意味があり、〝手でつかむもの〟からの呼称と言えよう。ナイフが食事の場で使われたのは西欧の肉食の文化を考えると、かなり古くからのようだ。しかし、ナイフ、フォーク、スプーンの基本的な３種類のフラットウェアが食事の場に登場したのは４００年程前と考えられている。

ここで紹介するデンマークの名品は、カイ・ボイスンの〈グランプリ・シリーズ〉だ。気品あふれるフラットウェアである。１９３８年にデザインされたが、その後１９５１年、ミラノトリエンナーレでグランプリを受賞、以後この名称がついた。デンマークでは過去にクラフトシリーズの記念切手が発行されたことがある。その中の一つにこの作品が採用された。初期の銀製から、現在はステンレス製で国産化されており、ぜひ使いたいものだ。

1940年｜522 Tokyo

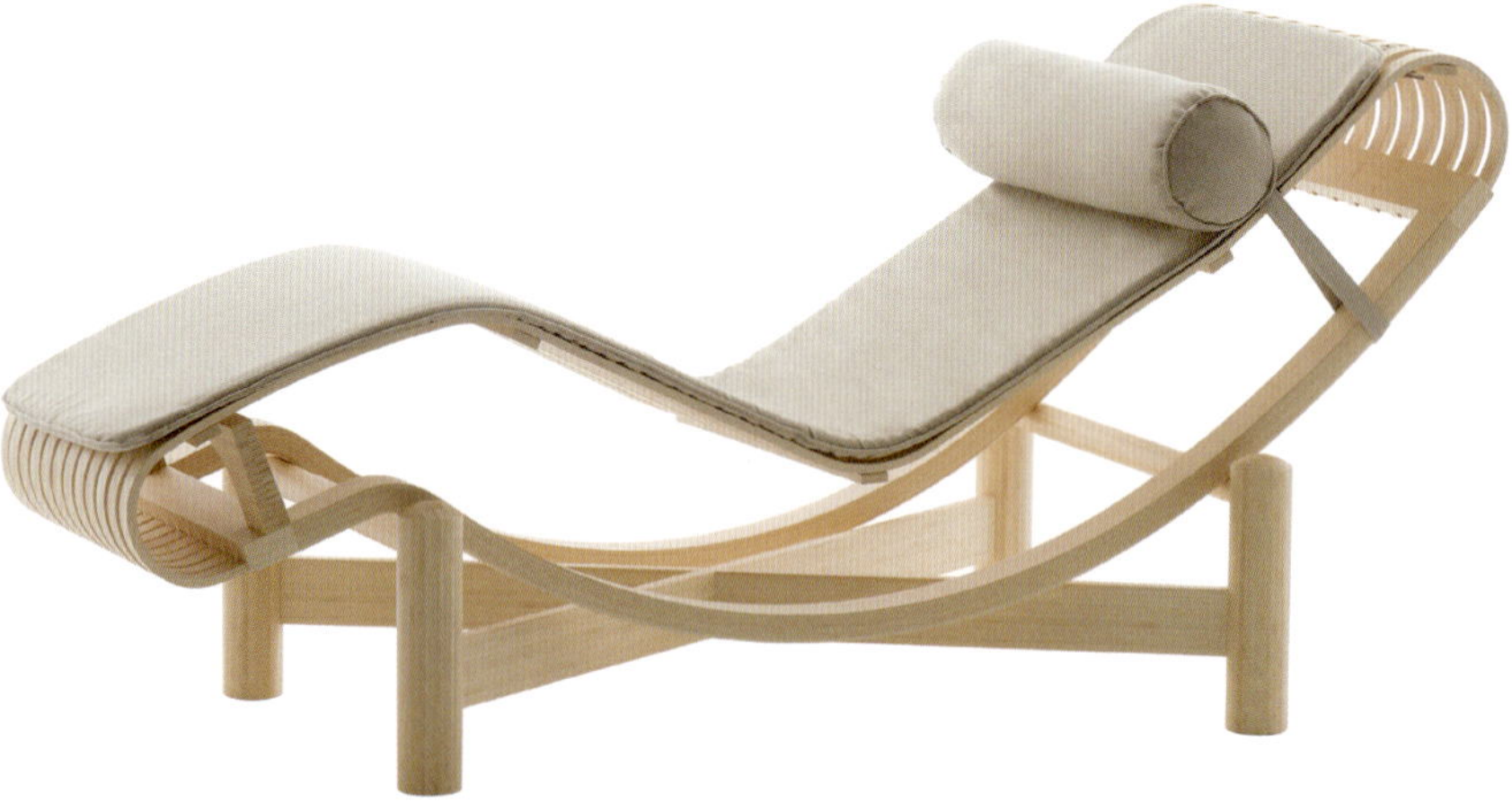

ブ ラ ン ド：Cassina（カッシーナ）
デザイナー：Charlotte Perriand（シャルロット・ペリアン）
素材・仕上げ：フレーム・台座／バンブー・チーク（ナチュラル塗装）、張地／専用ファブリック
サ イ ズ：W65.5㎝×D150㎝×H65㎝

19世紀末頃から20世紀初頭にかけてヨーロッパ中に大きな影響を及ぼしたブーム「ジャポニズム」は、日本の芸術や伝統工芸の素晴らしさにヨーロッパ諸国が気付いた証でもあった。その源となったのは浮世絵や漆器、根付、陶器などであり、それらは博覧会を通じて多くの人々を驚愕させた。その頃に生まれ現在に至るまで製品化され続けているものもある。例えばデンマークのロイヤルコペンハーゲン社の陶器やジョージ・ジェンセン社の銀製品である。２０１５年にコペンハーゲンの国立デザイン・ミュージアムで開催された「ラーニング・フロム・ジャパン＝日本から学ぶ」展は企画展にもかかわらず、あまりにも好評であったため2年間の会期をさらに１年間延長したほどであった。デンマークの芸術やデザインがいかに日本からの影響を受けていたのか、改めて自らの文化を見直す機会ともなった。

一方、欧米から来日し、日本の建築やデザイン、工芸の分野に大きな足跡を残した人たちがいる。民芸運動の柳 宗悦や濱田庄司らと交流のあったイギリス人陶芸家、バーナード・リーチ、建築作品を残したアメリカ人のフランク・ロイド・ライトやドイツ人のブルーノ・タウト、チェコ出身のアントニン・レーモンドなどだ。

ここで紹介するフランス人のシャルロット・ペリアンも１９４０〜４２年にかけて来日。当時の商工省からの依頼で輸出用の工芸品の指導が主な目的であった。柳 宗理の案内で東北をはじめ、日本各地に伝わるそれぞれの地域に根ざした暮らしや伝統工芸に触れ、深い感銘を受けつつ、さまざまなアドバイスを行った。１９４１年には東京と大阪の高島屋で「選択・伝統・創造」展を開催、この展覧会は日本のデザインや工芸を外国人の視点で捉えたことで意義深いものである。

写真の〈トウキョウ（シェーズロング）〉は来日していた頃にデザインされたものだ。ル・コルビュジエやピエール・ジャンヌレとの合作と言われるスチールパイプフレームの〈ＬＣ４（シェーズロング）〉をリデザインした作品と言える。日本の伝統工芸に見られる竹細工からヒントを得たのだろうか、彼女は日本滞在中に竹を使った椅子を７〜８タイプ製作している。写真のモデルの発表時にはシート部に藁で編んだマットとヘッドレストがセットされていた。ＬＣ４のプラン段階の図面を見ると、フレームは曲木を使い、シート部分は籐張りを前提としており、竹を使うことに抵抗はなかったのかもしれない。いずれにしてもペリアンが日本人のもつ美意識や、質素・簡素を重んじる価値観に魅せられ学んだことは少なからずあったのだろう。

翻ってわが国の現代の暮らしを見たとき、衣・食・住のすべてが価格訴求のファストな製品にあふれた生活文化となっていることに愕然とする。私たちは安さや便利さ、快適さを求めるあまり大切なものを失ってはいないだろうか。経済大国となった今だからこそ、この作品が生まれた頃のものの在り方や価値観、生活文化の高さに想いをはせてみてはどうだろうか。

1941年 | CHEMEX Coffeemaker

ブランド ： CHEMEX（ケメックス）
モデル ： クラシックシリーズ（3カップ用）
素材 ： 耐熱ガラス、天然木、革
サイズ ： H21.5㎝、Φ8.2㎝（上部）、Φ10.5㎝（底部）

「あなたはイヌ派？　ネコ派？」との質問と同様、「あなたはコーヒー派？　それとも紅茶派？」と、それぞれの好みを区別することがよくある。動物にしても、飲み物にしても、いずれも私たち人類の歴史とともにあった、切っても切れない身近な存在の証であろう。

　コーヒーはアフリカ、エチオピアが原産と言われるが、その木が世界各地に移植され、さまざまな特徴をもつ種類に分化していった。その歴史は古く、アフリカでは紀元前18世紀頃には飲料として利用されていた。その後、コーヒーは長い間飲用としてではなく、他の穀類と混ぜて利用されるパンの材料であった。再び飲料として利用されたのは11世紀初め頃のアラビアである。この頃は嗜好品としてではなく、生豆を砕いて煮出した煎じ薬であった。この利用法が2世紀程続いた後、中近東で豆を煎る風習が伝わり、瞬く間にイスラム教徒の間に広がったのである。

　その後１５１７年、トルコのセリム１世のエジプト遠征によりその風習が伝えられ、現在のイスタンブールに１５５４年、世界初のコーヒー店「カフヴェ・カーネス」が開店した。カフヴェとはアラビア語のコーヒーを意味するカフワが変化したもの。トルコで開花したコーヒーの文化はやがてヨーロッパ中に、そしてアメリカへと普及していった。今日、コーヒー、カフェと呼ばれる言葉は、トルコ語のカフヴェが変化したものである。

　コーヒーが日本に最初に伝えられたのはオランダからで、ビユンコヲ、カッヘイなどと呼ばれていた。一般にコーヒーのことが知られ始めたのは明治時代に入ってからのこと。コーヒー店の誕生は１８８８年、上野の「可否茶館」であり、日本におけるコーヒー文化の普及は喫茶店とともにあった。高度成長期に入ると自動販売機が登場、その便利さも手伝い、爆発的な消費につながった。その結果、糖分の摂り過ぎや、缶のポイ捨てなど、さまざまな問題も引き起こしてしまった。本来、コーヒーはそのプロセスを楽しみ嗜むものだが、いつの間にか便利さと引き換えに大切なものまで失ってしまったようだ。

　ここで紹介するユニークなフォルムの〈ケメックスコーヒーメーカー〉は、コーヒー文化にこだわる人にはうってつけの道具である。１９４０年頃、ドイツ人の化学者ピーター・シュラムボームによって考案されたもの。実験室で使われる三角フラスコを組み合わせたような形は一般のデザイナーにはない発想で、常日頃からビーカーやフラスコに接していた化学者ならではのものだ。胴体のくびれた部分は断熱を兼ねた木製のカバーがあり、革紐と木球で止められ、その素材の組み合わせが絶妙である。また、くびれ部分から注ぎ口に沿って溝をつくり注ぎやすくしたり、コーヒーの適正量を示すために胴の中程に小さな突起をつけたりする工夫がなされている。こうした機能的デザインが認められＭｏＭＡの永久展示品になっている。

1943年｜CH410 Peter's Chair
CH411 Peter's Table

ブランド：CARL HANSEN & SØN（カール・ハンセン＆サン）
デザイナー：Hans J Wegner（ハンス・J・ウェグナー）

CH410 Peter's Chair
素　　材：ビーチ
サ イ ズ：W42㎝×D30㎝×H47㎝、SH25㎝
CH411 Peter's Table
素　　材：ビーチ
サ イ ズ：W72㎝×D45㎝×H46㎝

日本では、よく「世界にたった一つだけのもの」と称して、その希少性を付加価値として売りものにすることが多い。曰く「あなたのためだけにあつらえました」や「手づくりの他にはないものです」等々。唯一無二なオリジナリティーをうたったものは枚挙にいとまがない。しかし、そうしたものが果たして完成度の高いものばかりかと言えば、その逆であることが多い。もし、そうしたものが完成度の高いものであれば、当然量産化されるであろう。日本では有名・無名を問わず、特定の人のためにものづくりをすることが多い。そして、そのほとんどが「特別モデル」となり、価格も一般のものに比べ高額になる。これがさらに依頼した側の心理をくすぐる結果となる。

民芸運動の分派でもあった京都の「上賀茂民芸協団」を主宰し、人間国宝でもあった黒田辰秋は日本の代表的な木工家である。彼は京都のくずきりで有名な「鍵善」の造作家具や、映画監督の黒澤　明のための家具を手がけたことでも知られている。この他にも著名な人たちや裕福な人たちの家具を製作しているが、民芸運動本来の主旨であった、一般大衆の普段使いの日用品の中にこそ美の本質を見出す、ということを忘れてしまったのか、一般の人たちには手の届くようなものは皆無であった。

一方、デンマークの巨匠、ハンス・J・ウェグナーは、椅子だけでも５００種類を超えるものをデザインしている。それらの多くは商品化され、現行品の多くは日本にも輸入されている。しかし、膨大な彼の作品の中で、誰か特定の人のためにデザインしたものとなると、そのようなものはほとんど見られない。唯一、私が知るモデルは写真の〈ピーターズチェア&テーブル〉である。手で簡単に分解・組み立てできるノックダウン構造となっているこの作品は、親友でありライバルでもあったボーエ・モーエンセンの最初の男児の誕生を祝ってデザインし、プレゼントしたものだ。このとき、彼は名付け親となり、その男児に「ピーター」の名を授けたが、この名前は、実はウェグナーの父親の名前でもある。敬愛する父親の名前を親友の子どもにプレゼントしたのである。その後、この作品は話題になり、現在も商品化されている。「より良いものを、より多くの人のために」という彼の考え方は、この作品以外にも共通している。名もない赤ん坊のためにプレゼントしたウェグナー、片や著名人のために作品を提供していった黒田辰秋、それぞれの人間性が表れていて面白い。

1945年 | Eames Elephant

ブランド：Vitra（ヴィトラ）
デザイナー：Charles & Ray Eames（チャールズ＆レイ・イームズ）
素　　材：ポリプロピレン　※プライウッドモデルのみアメリカンチェリー
サ イ ズ：**イームズ エレファント**／W41㎝×D78.5㎝×H41.5㎝
イームズ エレファント スモール／W20.5㎝×D39㎝×H21㎝
カ ラ ー：ホワイト、ディープブラック、アイスグレー、バターカップ、パームグリーン、ペールローズ、ポピィレッド

人類はその誕生の歴史から動物と深く関わってきた。動物を狩り、その肉を食べ、毛皮や骨、腱など余すことなく利活用してきた。特に動物の骨や角などは加工することで武器や道具として利用できる極めて重要な素材であった。その象徴的な映像として、スタンリー・キューブリック監督の映画「２００１年宇宙の旅」の冒頭に表現された場面がある。ステンレスと思われる金属の物体、モノリスと作曲家グスターヴ・ホルストの組曲「惑星」を背景に、大腿骨が宙を回転していく様は忘れられないワンシーンだ。

人間にとって動物は狩るだけの対象ではなく、その強さゆえに古くから神として崇められ大切に守られてきた。古代エジプトでは鷲や鷹などの猛禽類をはじめ、コブラや犬、昆虫のフンコロガシ等々が神や神の使者として遺物に多く見られる。現代においても似た例は多く、インドでは牛や猿は神の使いとして、殺傷が厳しく禁じられている。日本でも稲荷神社では狐が鳥居とともに人々を迎える風景は誰もがなじみのあるものだ。

また、人間にとって常に役立つ存在としての動物がおり、そうした動物は飼い慣らし、手なずけることで家畜として人間の暮らしに身近なものとなった。中には人間の友ともいえる動物も現れた。ペットと呼ばれる動物たちである。また、１８２８年になると動物を自然な姿で観察できる施設としてロンドン動物園が誕生した。動物園の役割は単に動物の生態観察にとどまらず、「種の保存と繁殖」の観点から、自然界で絶滅が危惧されている動物の保護・研究・調査等々の役割を担っているのだ。

動物がより身近な存在となっているのが、それらをモチーフとしたぬいぐるみや木製の玩具、ガラスや陶器の置物などである。特に玩具は子どもの情操教育にも大いに役立つものであろう。

ここで紹介するアメリカのチャールズ&レイ・イームズ夫妻によってつくられた成形合板製の象は、第二次世界大戦終戦の翌年、発表されたものだ。イームズ夫妻は戦時中、軍からの依頼でプライウッドを加工し、戦闘機のシート、傷病兵の副木、担架などの開発に従事していた。やがて終戦を迎え、そのプライウッドの加工技術が平和利用されることになり、子ども用のデスクや椅子、そしてこの〈イームズエレファント〉となって具現化されたのである。

子ども用のデスクと椅子はエヴァンス・プロダクツ社から５０００セットが商品化されたが、子どもの想定を超える乱暴な使い方により、そのほとんどが廃棄され、当時のオリジナル作品で現存するのは世界でも数点といわれている。幸いなことにイームズエレファントは量産されることがなかったため、イームズ夫妻の娘にプレゼントされ、その試作品はイームズの家族により保管されてきたのだ。数年前スイスのヴィトラ社で復刻量産が始まり、さらにスモールサイズも加わり象の集団が可能となった。

1945年｜The Spoke-Back Sofa

ブ ラ ン ド ： Fredericia（フレデリシア）
デザイナー ： Børge Mogensen＆Hans J Wegner（ボーエ・モーエンセン＆ハンス・J・ウェグナー）
素材・仕上げ ： オーク（ソープ／オイル／ブラックラッカー／ホワイトペイント）
サ イ ズ ： W160/197㎝×D76.5㎝×H86㎝、SH40㎝

暮らしの基本要素である衣・食・住を考えたとき、ほんの30年程前までの日本では衣・食ともに世界の最高水準の質と量を有していた。衣類では民族衣装である和装着物に比較できるような高額な衣類は他国では見当たらない。そうした着物のほか洋装においても、ビジネス用、フォーマル用、カジュアル等々、それぞれに見合った高品質なものが各家庭で所有されていた。また、食においてもどの家庭でも和食器はもちろん、洋食器や中華用の食器や調理器具があり、それらを使った料理もごく普通に行われた。このような多様な食文化をもつ国は恐らく日本だけではないだろうか。

それに対し住を考えたとき、残念ながら先進国の中では最も低いレベルと言わざるを得ない。特に都市部の住宅では狭い居住スペースに大量の生活用品があふれる現実があり、良質な暮らしをコントロールできない人たちの部屋は足の踏み場がない状態となる。そうした場所で見られるのが低価格のファストな衣類や家具・日用品の類である。安いからと安易に家に持ち込まれた結果の現実だ。そうした中でもてはやされるのが、収納のカリスマとか断捨離の言葉である。

戦後間もない頃はともかく、現在において低価格商品が市場を独占していることが果たしていいのだろうか。生活文化の低下をファスト製品のせいにしてはいけないが、もう少し良い品質、美しいデザインと機能性・安全性、それらに見合った適正な価格の製品が支持されるべきであろう。

私は、丁寧な暮らし方は豊かな暮らしに通じると考えている。本来、日本人は質素、簡素を重んじ、高い美意識に支えられた暮らしを実践してきた。戦後の経済成長からバブル経済へ、そしてバブル経済破綻後の長期にわたるデフレーションと不況、そんな中で当然のように生まれたファスト製品。短寿命と間に合わせ的なものに本当の豊かさがあるのだろうか。

狭い空間でも豊かな暮らしは可能であるし、高額なものでなくても心を込めてつくられたものには愛着は生まれる。良いものを大切に使うことから生活の質は高められる。また、空間の質はそこに置かれるものによって決定づけられるのだ。

デンマークのボーエ・モーエンセンが1945年に発表したスポークバックソファは、誕生から80年以上経っても現代に通用するデザインだ。普段は2人掛けのソファとして使い、疲れたときや読書の際は右側のパネルを革の穴の位置に合わせて傾け足を伸ばしたり、不意の来客時にはパネルを水平にしベッドとしても使える。背もたれの角度を変化させる椅子は多いが、この作品のような機能をもつものは少ない。クッションや膝掛け、テーブル、照明を組み合わせると、畳1~2枚分のスペースでも立派なコージーコーナーの完成だ。子ども部屋だけでなく、父親のためのコーナーも必要だろう。

1945-46年｜Eames LCM

Image courtesy of Herman Miller

ブランド：Herman Miller（ハーマンミラー）
デザイナー：Charles & Ray Eames（チャールズ＆レイ・イームズ）
素　材：シート／ウォールナット、ホワイトアッシュ、バーチ、サントスパリサンダー、ベース／メタル
サイズ：W55.9㎝×D61.6㎝×H67.4㎝、SH39.4㎝

Image courtesy of Herman Miller

20世紀は戦争の世紀と言われるほどに世界各地で戦争が繰り返された。戦争からは憎しみや悲しみしか生まれない。しかし唯一プラスの面があるとすれば、それは兵器開発に伴う科学技術の発展ではないだろうか。そうした科学技術はやがて民需として平和な生活の中で役立つことになる。家具の分野でもそのような例はいくつかある。フランスのジャン・プルーヴェはユンカースの軍用機の操縦席をヒントに、終戦後に椅子をデザインしている。またアメリカのチャールズ＆レイ・イームズも傷病兵のための添え木（副木）を成形合板で製作したり、同様の技術を用いて軍用機の操縦席の開発に関わっていた。イームズは戦時中においても一方で家庭用の家具の開発を考えていた。それは成形合板を用いた3次元曲面をもつイージーチェアであった。この開発は友人のエーロ・サーリネンとともに行なわれ、１９４０年、ニューヨーク近代美術館主催の「オーガニック（有機的）デザイン展」に一連の椅子6点が出品され、見事一等賞を獲得したのである。しかしそれらの作品は量産モデルには程遠く、実験的なものと言わざるを得ないものであった。

戦争が終結すると、イームズはそれまで温めていたプランを実行に移した。数々の試行錯誤の末、エヴァンス・プロダクツ社から発表された家具は、平和の象徴ともいうべき子ども用の遊具や家具であった。この家具に続いて発表されたのが、ＬＣＷ（Lounge Chair Wood base）とＤＣＷ（Dining Chair Wood base）であり、ここで紹介するＬＣＭ（Lounge Chair Metal base）とＤＣＭ（Dining Chair Metal base）であった。「オーガニックデザイン展」に出品されたものはすべて背と座が一体となっていたため、当時の技術や素材では量産が不可能であった。そのため戦後考案されたモデルは背と座が分離されており、その曲げ加工も量産に向いたものにデザインされたのである。イームズたちの作品が発表されるまでは、木製椅子の座面といえば削り出しによる3次元曲面か、曲げ加工の2次元曲面であった。言うまでもなく、人間の身体は3次元曲面であり、座面は3次元曲面のほうがフィットするため、その機能性は高いものとなる。木の繊維を断ち切ることなく曲げることは、無垢の木の場合、細く軽い部材を生み出し、合板の場合は薄くて軽い部材を生み出すことになる。これらはいずれも大量生産に結びつくものであり、品質の安定化・均質化をもたらすことになったのである。この作品こそが、近代椅子デザインの新しい1ページを開くことになった椅子とも言えよう。

1946年・1948年・1970年 | Graphic Rug

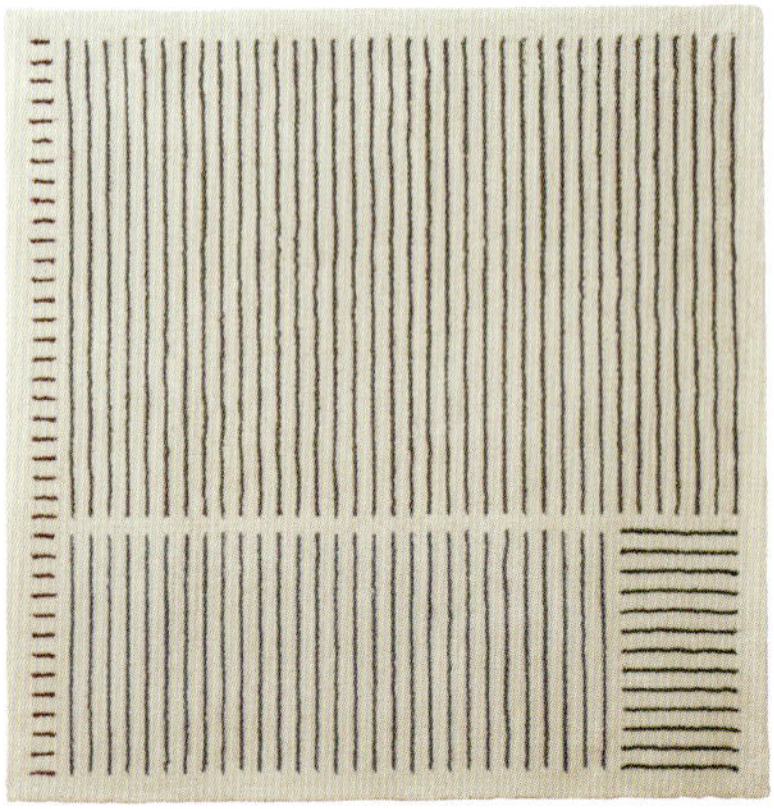

ブランド：METROCS（メトロクス）
デザイナー：Max Bill（マックス・ビル）
素　材：アクリル・ウール
サイズ：color wheel／Φ160㎝・Φ180㎝・Φ200㎝
colorful accents／W160㎝×D160㎝・W180㎝×D180㎝・W200㎝×D200㎝
quiet／W180㎝×D180㎝・W200㎝×D200㎝

2019年はドイツ、ワイマールにバウハウスが創設されて100年の記念の年だった。バウハウスとは、芸術と工芸の離反を防ぎ、工業（産業）と芸術の統合を目指した総合芸術学校である。そこはヴァルター・グロピウスの指導のもと、建築やデザインなどの発展において20世紀最も貢献を果たした学校である。1919年に誕生したバウハウスは、ナチスの台頭により最後はベルリンで14年間という短い活動を停止した。しかしながら、バウハウスから育った多くの人材は世界各地へと拡散し、新たな人材を育成し、今日のデザイン文化を築いた。それらの中には日本からの留学生もおり、やがて日本の芸術、デザイン、建築系の大学で中心的な活躍を果たした。その果実として、バウハウスで生まれたカリキュラム「実習」と「造形理論」という2つのコースは日本でも演習科目と講義科目の系統として採用されている。しかし、最近はIT技術の発達により、演習系の授業がバーチャルなものに代わり、本来の手や道具を使った実技・演習の体験的授業が少なくなっているようだ。

ここで紹介する作者、マックス・ビルはスイスに生まれ、1927～29年までバウハウスに在籍した。ワイマールからデッサウに移転したバウハウスで師事したのはワシリー・カンディンスキー、パウル・クレー、オスカー・シュレンマーなど、近代美術・デザイン史にその名を連ねる人たちだった。

マックス・ビルの活動範囲は極めて広く、プロダクトデザインのほか、グラフィック、インテリア、タイポグラフィー、建築、彫刻、絵画などクリエイティブな分野にとどまらず、理論家、評論家としても多大な功績を残した。

しかし、彼の名を世界に知らしめたのは、1955年、ドイツに「ニューバウハウス」とも呼ばれたウルム造形大学をインゲ・アイヒャー＝ショル、オトル・アイヒャー等と創設したことであろう。機能主義的造形の重要性を説き、数学的な理論に基づいた美の追求は審美的哲学とも言えるものであった。しかし、世界的に注目されたウルム造形大学も財政難から、1968年、政治的圧力により閉鎖され、バウハウスと同様に短命なものとなった。ウルム造形大学が残した遺産ともいうべき「グーテフォルム（グッドデザイン）」の考え方は世界的に評価され、中でも日本には大きな影響を及ぼした。

写真のラグはマックス・ビルのデザイン思想「法則性と論理性」を具現化したものだ。このラグはグラフィックデザインとして製作された作品がマックス・ビル財団の監修のもとで製品化された。素材はアクリルやウール製のため発色性も高く、使用されているパイルの長さは15ミリと、足裏に心地よい感触を生み出す。ミッドセンチュリーに誕生した作品であるが、タイムレスなアート作品である。

1947年｜J39 Shaker Chair

ブ　ラ　ン　ド：Fredericia（フレデリシア）
デザイナー：Børge Mogensen（ボーエ・モーエンセン）
素材・仕上げ：ビーチ（ソープ）、オーク（ソープ／オイル）、ウォールナット（オイル）、座面／ナチュラルペーパーコード
サ　イ　ズ：W49㎝×D44㎝×H78㎝、SH46㎝

モダンデザインの椅子の源流には大別すると４つの流れがある。それは、イギリスのウィンザー地方で生まれたウィンザーチェア、ドイツのミヒャエル・トーネットによって考案されたベントウッドチェア（曲木椅子）、中国明代に生まれたチャイニーズチェア、それにここで紹介するアメリカで誕生したシェーカーチェアである。現在、私たちが日常目にする椅子のほとんどが、これら４つのタイプの椅子のいずれかをデザインルーツとしていると言われている。中でもトーネットのベントウッドチェアとシェーカーチェアは、後の工業化社会やモダンデザインを予見したものとして注目に値する。

　シェーカーチェアは、シェーカー教徒たちの自給自足の生活の中から生まれたものである。シェーカー教は１７４７年、イギリスで創設され、その後１７７４年に移住したマザー・アン・リーによって新天地アメリカでその影響力を発揮し、各地に次々とコミュニティーを開設していった。そこでは清貧の思想とも言うべきキリスト教的共産制が貫かれていた。財産の私有は認められず、性の平等のもと結婚も認められず、すべての人たちが独身生活を送ることになった。その結果として後継者が途絶え、１９６５年にはすべてのコミュニティーが閉鎖されてしまった。シェーカー教徒の生活規範は厳しく、それは家具デザインにおいても例外ではなく、不必要な装飾は一切排除された。アドルフ・ロース（１８７０～１９３３）が１９１０年に発表した有名な講演「装飾と犯罪」では、当時のデザイン界の装飾性に対する痛烈な批判を行っている。またルイス・サリヴァンの有名な「形態は機能に従う」という言葉があるが、これらが発表される約百年も前に既に、シェーカー教徒はその信条の中に「美は用に宿る」「いかなる力もひとつの形態を定める」などの言葉を残している。こうした言葉は、機能主義の考え方を顕著に表したものであろう。

　写真の作品は、かつてつくられていたシェーカーチェアをデンマークのボーエ・モーエンセンがリデザインしたものである。この作品はデンマーク生活協同組合（F・D・B）の家具部門で量産され、デンマーク各地の生協の店舗を通じて全土で販売されたものである。このF・D・Bにはモーエンセンの他に、ハンス・J・ウェグナーやポール・M・ヴォルター、アイヴァン・ヨハンセン等々の多くのデザイナーが参加し、機能的で美しい家具を数多く発表していった。この結果、デンマークの一般家庭における生活の質的水準を高めることにつながったのである。

1948-60年｜Nelson Clock

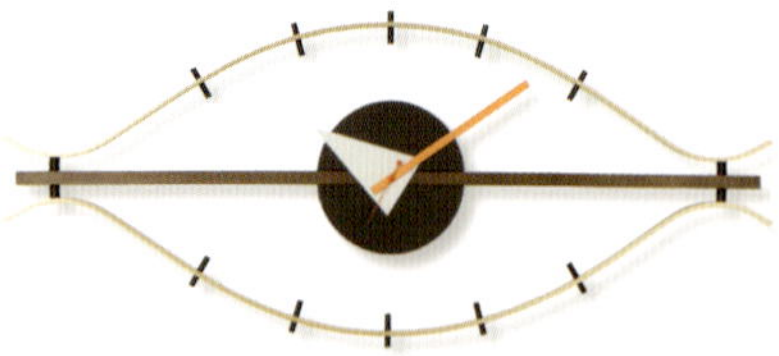

ブランド：Vitra（ヴィトラ）
デザイナー：George Nelson（ジョージ・ネルソン）

Ball Clock
素材：メタル、ウッド
サイズ：Φ33㎝
カラー：マルチカラー、オレンジ、レッド、ブラック、ビーチ、チェリー
Spindle Clock
素材：メタル、ウッド（ウォールナット）
サイズ：Φ57.7㎝
Sunflower Clock
素材：メタル、ウッド（バーチ、ブラックアッシュ）
サイズ：Φ75㎝
Eye Clock
素材：メタル、ウッド（ウォールナット）
サイズ：W76㎝×H34㎝

時計とは時を刻むもので古代よりさまざまな工夫によって多種多様な時計が考案されてきた。それらは科学技術の発達により複雑な機械式のものからＩＴ技術を使った電池式のものまで数多ある。時計は大別すると懐中時計や腕時計など個人用の携帯式の小さなウォッチと呼ばれるものと、時計塔や花時計、置き時計、柱や壁に掛けて使う大きなクロックと呼ばれるものがある。それらを総称する場合はタイムピースと呼ぶ。両者は機械部分と文字盤、それに時を刻む針の３つの要素から成るものだ。文字盤というのは限られた要素であるが、そこには文字盤宇宙とも言えるほどの無限の表現の可能性が秘められている。中にはＰ・１２６で紹介する〈ピクト〉という時針、分針、秒針を持たない文字盤だけで時を表示するものもある。また、天井や壁に文字盤を投影するものや、一見すると木の直方体にしか見えないが内側から側面にデジタル文字で時刻が表示されるものなどユニークな発想の時計が販売されている。本来、文字盤は平面の２次元のものであるが、立体的な３次元のものから、先に述べたどこにでも投影できる４次元的な文字盤まである。

　また、腕時計には数千円のものから宝飾時計、工房時計と呼ばれ億単位の価格のものまで、他の分野では見られない価格差があるのも独特の世界である。しかしながらそれらの機能は時を刻むという点では同じだ。ある人にとってはファッションの一部として、他方、ステータスとして身に付ける人もいる。それぞれの時計は、それらを身に付ける人物の人柄を表しているのかもしれない。私は56年前大学生の頃に購入したものを含め、複数個愛用している。それらはその時々の服装や気分に合わせて選ぶことにしている。時計とは実に魅力あふれるアイテムだ。それは時計をデザインするデザイナーにとっても同じで特別な対象なのかも知れない。

　ここで紹介するのはミッドセンチュリーのアメリカを代表する家具・プロダクトデザイナーのジョージ・ネルソンと彼のオフィスのスタッフたちによってデザインされたものだ。ネルソンオフィスの時計シリーズは多種あり、素材違いを含めると壁掛けのタイプだけでも26もの種類がある。いずれもミッドセンチュリーデザインの雰囲気を色濃く残しており、無機的な現代のミニマルデザインにはない魅力があり、若い人たちに人気のデザインだ。

　これらのミッドセンチュリーのデザインの名作は著作期限が切れていないにもかかわらず、粗悪なイミテーションが出回っており注意が必要だ。知的財産権は保護されるべきであり、優れた機能や美しいデザインは容易に生まれない。作者やメーカーに敬意を払い、そのロイヤリティーは支払われなければならない。それは本物を使う際の心の在り様であり、心の豊かさはイミテーションでは決して生まれない。

1949年｜CH26 Chair

ブランド：CARL HANSEN & SØN（カール・ハンセン＆サン）
デザイナー：Hans J Wegner（ハンス・J・ウェグナー）
素　　材：オーク、ウォールナット
サイズ：W59㎝×D52㎝×H79㎝、SH44.5㎝

デザイナーが生み出す作品は、さまざまなプロセスを経た後に市場に出される。その最初は発想の段階であり、デザイナーのアイデアや知見が発揮される部分である。デザイナーは発想に基づいてラフスケッチを多数描くが、その段階で商品化に至るプロセスはあらかじめ頭の中でイメージされている。

デンマークのデザイナーの場合、描かれたスケッチから実現可能なものを数点選び、5ミリ方眼紙にそれらの正面、側面、平面、背面などを図面化していくのが一般的だ。方眼紙に描くことで5分の1で表現することができる。その後、5分の1のスケールモデルをデザイナー自身が忠実に作成するのである。デンマークで家具デザイナーになるためには、まず家具マイスターの資格を修得しなければならない。そのため、デンマークの家具デザイナーはすべて、ものづくりの技術はもちろん、木工機械や素材・構造にも精通しているのが当たり前である。スケールモデルで全体のプロポーションチェックを行うことで、商品化に際しての技術的問題や製作時間、商品としての概算価格が分かるのだ。

次に、スケールモデルで見出した問題点を解決し、原寸図面を引く。この図面をもとにワーキングモデルを自作する。ここでは構造的な点や機能的な点を中心に検討を行う。そうやってさまざまな問題をクリアした後、やっと製造のための原寸図面を引き、試作品をつくるのである。ここまでの段階をデザイナー自身で自作するが、最近は試作品をメーカーに委託するデザイナーも増えており、デンマークデザイン界の仕組みが変化しているようだ。試作品は数回の改良を加えてやっと商品化されるのである。

ここで紹介するハンス・J・ウェグナーの作品は、カール・ハンセン&サン社から発表された極めて珍しい作品で、〈CH26〉というモデルナンバーのダイニングチェアである。これは彼の代表作Yチェアと同じ1949年、カール・ハンセン&サン社に滞在中にデザインされた4つの作品の中のひとつで、CH22のバリエーションモデルである。

当時は、その製作過程の難しさから商品化を見送られ、スケッチや図面だけが残されていたが、2016年にCH22が復刻生産されることになり、これまで陽の目を見ることがなかったモデルの製品化が検討されたのだ。ウェグナーが試作もしなかったモデルを実現化することには躊躇があったかもしれないが、長女のマリアンネの協力もあり、この計画が実現した。ただ、1949年と現在では人体の発育にも変化があり、当時の図面より脚を2センチ伸ばしている。

私の個人的意見として、Yチェアの線的構造から来る体圧の問題点は、この作品で見事に解決されており、この作品が製品化されなかったことが不思議でならない。背を大きな曲面で支える構造は当時のデザイン界の方向を示すものだ。

1951年｜699 Superleggera

ブ ラ ン ド：Cassina（カッシーナ）
デザイナー：Gio Ponti（ジオ・ポンティ）
素材・仕上げ：フレーム／アッシュ（ナチュラル・ブラック・ホワイト）、座／ラタン
サ イ ズ：W40.5㎝×D45㎝×H83㎝、SH45.5㎝

インテリア雑誌のみならず、最近は一般の雑誌でもインテリアに関するもの、中でも椅子に関する記事がよく見られる。やっと日本でも椅子というものが、単なる腰掛けの道具から、その作家性、デザイン性、機能性など総合的なデザインの象徴として捉えられるようになったのだ。こうしたデザインに対する意識の変革は、日本各地の近代美術館などにおいても見られる。富山県立近代美術館では近代デザインの椅子のコレクションをしており、これと同様のことは大阪の国立国際美術館、大阪市立近代美術館準備室、愛知県の豊田美術館などでもある。また埼玉県立近代美術館では、来館者のために数多くの近代の名作椅子が備品として置かれ、それらの名作椅子に掛けて美術鑑賞ができる。これほどまでに椅子が注目され、さまざまな本で取りあげられているが、残念ながら、そこで紹介されているものは名作と呼ばれているものがほとんどであり、しかもそれらのバックグラウンドや、その作品の前後の作品、そしてデザインルーツに触れたものは見当たらない。名作と呼ばれる作品がどのようにして生まれたのか、そのプロセスを知ることによって、その椅子に対する認識も変わるのではないだろうか。

写真の椅子はイタリアの建築家、ジオ・ポンティの代表作〈スーパー・レジェーラ〉である。その名のとおり超軽量で、女性が小指でも簡単に持ち上げられる軽さで、わずか1700グラムである。この椅子はポンティのオリジナルデザインではなく、18世紀後半にイタリア、ジェノバ近郊のキアヴァリの木工所でつくられていたカンパニーノと呼ばれる軽量椅子をリデザインしたものである。その椅子はトーネットの曲木椅子が出現する50年程前に、50人の職人により年間5000脚も生産されていた。このキアヴァリの椅子はそれ以降、さまざまなデザインを生み出し、現在もなお姿を変えてつくり続けられている。しかし一貫して変わらないのは細いフレームから生まれたその軽さであり、「強度を保ちつつ、より軽い椅子を」との思いから、さまざまなデザイナーによってリデザインされてきたのである。

ポンティのスーパー・レジェーラもそうした中の一つであり、オリジナルモデルをシンプルに直線化した結果、生まれたものである。彼自身も、この椅子のバリエーションモデルを十数種類デザインしている。

1951年｜FJ Fruit Bowl

ブランド：ARCHITECTMADE（アーキテクトメイド）
デザイナー：Finn Juhl（フィン・ユール）
素材：チーク
サイズ：Fruit Bowl with toes／W24㎝×H9.5㎝
Fruit Bowl Large／W35㎝×H11㎝

地球規模で進行している温暖化現象は、世界各地で毎年繰り返される熱波や干ばつをもたらし、その一方で集中豪雨や台風の巨大化など気象状況の激甚化を招いている。また海水温度や水面の上昇により島しょ国はじわじわと国土が失われ、国家存亡の危機に陥る国も出始めている。北海道では、それまで漁獲できた魚種が不漁になり、暖流域の魚種が大量に漁獲されるなど、極めて身近な現象として現れている。

その原因は二酸化炭素の排出のみならず、さまざまなことが考えられる。ひとつの原因として熱帯雨林の伐採がある。ブラジルのボルソナロ政権では、アマゾンの熱帯雨林を大規模に伐採し、牧場としたほか、南米各国をはじめ東南アジアやアフリカでも同様の行為が違法伐採、盗伐というかたちで行われている。そうした違法に伐採された材木は、中国をはじめ、一部は日本にも輸入されている。その結果、貴重な動植物の多様性をも損なっている。

熱帯雨林に自生する多くの樹種は、人類に多大な恩恵をもたらしてきた。そのひとつが家具や木工芸に使用される樹々である。特に熱帯雨林に自生するローズウッドやブビンガ、マホガニー、ウェンジ、パドック、タガヤサン、黒檀、紫檀、チークなど、硬く木肌の美しい樹種が多い。中でもチーク材はかつてタイ産のものがデンマークに多く輸出されてきた。その背景には、デンマーク王室とタイ王室との良好な友好関係があったことがあげられる。しかしながら、あまりにも大きな需要は資源の枯渇を招き、一時タイからのチーク材の入手が困難になったことがあった。最近では植樹も進み、プランテーションで育成されているようだ。

チーク材はウォールナット材、マホガニー材と並ぶ3大銘木と言われる重要樹木である。その特徴は硬く、耐久性・耐水性に優れ、材としての伸縮率も小さく、加工がしやすいものだ。加工のしやすさは鉋掛けの際に逆目を感じさせず、カッティングにも向いている。しかし油分が多いため接着に難があったが、デンマークではチーク材に適した接着剤を開発し、家具の分野に大きな可能性を広げた。

フィン・ユールのデザインしたチーク材の美しいボウルは、かつてカイ・ボイスン工房のターナー（ろくろ細工職人）のマグネ・モンセンの手により生み出された。ユールはチークのボウルを10種類ほどデザインしたが、中でも人気のあったのがラージボウルだ。無垢材の一本から削り出すため、その材の乾燥が未熟であると割れや歪みを生じるという理由から、ボウルよりはるかに大きな木塊から削り始める。少し削っては乾燥させる工程を繰り返し、やっと完成する。大きな木塊を必要とするため、その無垢材の入手が極めて難しいのだ。

デンマークのアーキテクトメイド社から復刻されたが、材料となる練度の高いターナー探しは大変なものだった。私もモーテン社長とともに北海道の置戸町まで赴き職人の方と交渉したり、カナダのブリティッシュコロンビア州の木材輸出担当者と交渉したりしたこともある。この2つの難題をクリアしたことで、やっと50年ぶりに名作がよみがえったのだ。多くの人たちに感謝。

1951年 | Monkey

ブ ラ ン ド：KAY BOJESEN DENMARK（カイ・ボイスン）
デザイナー：Kay Bojesen（カイ・ボイスン）
素材・仕上げ：チーク[※1]（オイル）／メープル[※2]／オーク[※3]
サ イ ズ：ミニ／両腕・両脚を下げた状態：約W8cm×D2.8cm×H9.7cm（腕を上げた場合：約H12.8cm）、SH：約H6.7cm
S／両腕・両脚を下げた状態：約W16cm×D6cm×H20cm（腕を上げた場合：H25.5cm）、SH：約H13.8cm

※1 チーク（色の濃い部分）／リンバ（色の薄い部分）
※2 オーク（色の濃い部分）／メープル（色の薄い部分）
※3 スモークドオーク（色の濃い部分）／オーク（色の薄い部分）

メンコやこま、水鉄砲、ゴムのパチンコ、ダルマ落とし、ケン玉等々、私たちが幼い頃に慣れ親しんだおもちゃは、いくつになっても懐かしく、当時の遊び友達までをも想い出させるものがある。そして、その頃はと言えば、日本はまだ貧しく、国民もまた裕福とは言えなかった時代である。そんな時代にも子どもたちの遊びは創意工夫に満ちており、その遊び道具もまた自身の手によって製作されたものが多かったように思う。

しかし、現代の子どもたちの遊びはどうであろうか。少子化のせいもあってか、外で遊ぶ子どもたちの姿をあまり見ない。ほとんどが学校から帰ると、学習塾に行くか、テレビゲームに興じているのではないだろうか。おもちゃの類も、テレビに登場するキャラクターを模したものが多いと聞く。それらに使われている素材のほとんどが化学的に合成されたプラスチック系のものであり、私たちが慣れ親しんだ木製のものは少ない。子どもたちから「健やかさ」がなくなってしまったような気さえする。

写真の愛らしいモンキーのおもちゃは、デンマークのカイ・ボイスンのデザインによるものだ。チーク材を主材とし、それぞれ色の異なる木を効果的に使った名作だ。各部位は固定されておらず、自由に動かすことができ、そのポーズや表情を豊かなものにしている。また、同じモンキーを数個連ねて吊り下げたディスプレイも楽しいものである。このシリーズには現行品としてゾウとパンダがあるが、かつてはカバやウマ、ウサギ、ダックスフントの他にツノメドリなどがあった。また、デンマーク王室の近衛兵の人形も数種類あり、そのいずれもが知性的で温かみのある秀作ばかりである。一方、わが国の木のおもちゃの現状を見ると、板材を糸鋸で引き出し、エッジ部分に丸みをつけただけの何とも平面的で没デザインなものばかりである。造形力がないと言えばそれまでであるが…。この違いは子どもに対する意識や、おもちゃに対する取り組み方の違いではないかと思われる。欧米では子どもとは、一個の人格をもった小さな人間と捉え、大人に対するものづくりと何ら変わらぬ真剣な態度で接してきた結果、優れた品々が生まれたものと思われる。また、モチーフに対する観察眼も徹底されたものであり、フォルムには無駄な要素は一切見られない。子どものみならず、大人の感性にも十分に耐えられるだけの名作だ。ボイスンが65歳のときにデザインしたこのモンキーも、すでに70歳を超えている。単に「カワイイ」だけでは、これだけの歳月を生き抜くことは不可能であろう。

1951年｜PP19 Papa Bear Chair

ブ ラ ン ド：PP Møbler（PPモブラー）
デザイナー：Hans J Wegner（ハンス・J・ウェグナー）
素材・仕上げ：張地／ファブリック・レザー、脚／オーク、アッシュ、チェリー、ウォールナット（ソープ・オイル）
サ イ ズ：W90㎝×D95㎝×H101㎝、SH42cm

現代の日本においては経済格差が社会問題となっている。そうした格差をビジネスチャンスと捉え、成功しているのがファスト製品だ。それらは衣・食・住、すべての分野に及んでいる。そうした製品の陰にあるのは、海外の安価な労働賃金であり、劣悪な労働環境である。さらに安全性が担保されたとは言えない素材の使用や、不正な開発行為が行われていたりすることもある。経済性を優先するあまり多くの企業が生産拠点を海外に移してしまった。国内にとどまったのは、ものづくりの精神に重きを置く企業や、極めて高い技術力を有する企業、あるいは海外移転をするだけの資金力がない企業だったようだ。その結果、産業の空洞化が進み多くの雇用が失われた。景気が良くなったと言われるが、製造業に関しては経済的な恩恵は見られない。

ファスト製品を全面否定するものではないが、人とものの関係を考えたとき、やはり問題があるように思えてならない。ファスト製品は人とものの接点が希薄ではないだろうか。安いからと吟味もせず安易に購入し、飽きたり、不用になったからと簡単に捨ててしまうことはないだろうか。ものはそれが生まれたときから最終的にはゴミになる運命である。環境面を考えるとものには長い寿命が求められるのだ。ものには構造、素材、機能の寿命があるが、それに加えて飽きの来ないデザイン性も求められる。さらに生産者、販売者、使用者それぞれの情熱や想いも、ものの寿命に大いに関わりがあるだろう。それらの何ひとつ欠けても、ものの寿命は短命になってしまう。

ここで紹介するハンス・J・ウェグナーの〈ベアチェア〉はファストファニチャーの対極のものだ。現行品の中では最高額の椅子だろう。その価格だけを見ると反発感すら覚えるが、製造工程を知ると納得させられる。フレーム構造は外からは見えないが、熟練工の技術により精緻な仕上げがなされている。また、張り地の下のクッション部分にはコイルスプリングのほか、馬毛やヤシの繊維など多くの自然素材が使われている。張り地の下作業だけで一人の職人が一週間の時間を費やしている。このほか座のクッションや本体の張り地、パイピングも多様な種類の中から自由に選ぶことができる。ほぼオーダーメイドに近いつくり方のため、発注から納品まで4ヵ月程かかる。国産自動車と変わらない価格であるが、車は時間の経過とともに評価額が著しく下降するのに対して、このベアチェアは数十年使ってもその評価額はあまり変わらない。本来、家具は親から子へ、さらに孫へと受け継がれていくものである。いつの頃からかさまざまなものが、買い換え、差し換えられるようになってしまった。

間に合わせではなく、本当にいいものを修理しながら長く使い、最後まで使い切る価値観が求められているのではないだろうか。価格の裏側にある問題に想いをはせ、消費者から使用者へ、そして愛用者になりたいものだ。

1952年 | Fiorenza

ブランド：arflex（アルフレックス）
デザイナー：Franco Albini（フランコ・アルビーニ）
素材：張地／布・本革、脚／ビーチ
サイズ：W73㎝×D92㎝×H103㎝、SH44cm

世に名作と呼ばれる椅子は多い。インテリアや建築関係の雑誌には、必ずと言っていいくらい名作椅子が紹介されている。しかし、そうした名作椅子は単体でのみ紹介されており、それらは作家によって突然か偶然生まれたかの印象を受ける。ジオ・ポンティの代表作で、〈スーパー・レジェーラ（超軽量）／P・48〉と名付けられた椅子も、そうした代表例であろう。その作品は１８００年代の椅子をリデザインしたもので、日本ではリデザインの考え方があまり浸透しておらず、イミテーションと間違えられることもある。

このリデザインの考え方はデンマークのコーア・クリントによって提唱され、デンマークではあらゆるデザインの礎となっている考え方である。リデザインとは、すでにあるものの中に問題点を見出し、それを改良していくことである。古いものの中には数十年、数百年も生き抜いてきた不変的な美しさがある。しかし、一方で時代にそぐわない部分もある。そうした点を見直し、改めてデザインをし直す行為でもある。故に、デザインを積み重ねていくものとも言えるであろう。これに対して、日本では常に新作の家具を毎年発表している。言わば新作主義とでも呼べるものであろう。この考え方は目先を変えることにより、それまでのものに古さを感じさせ、新しさの優位性を訴える企業主導のものの在り方とも言える。こうした傾向は家具に限らず、車や家電製品にも同じことが言えるのではないだろうか。資源やエネルギー、環境のことを考えると、「いいものを永く使い続ける」ということが求められている。メーカーは安易なものづくりから、サスティナブル（持続可能な）デザインを目指すべきであろう。

フランコ・アルビーニの名作〈フィオレンツァ（花）〉は１９５２年に発表されて以来、半世紀以上もの永きにわたり商品化されている作品である。

イタリアと言えばデザイン大国で、毎年、おびただしい種類のデザインが発表されている国である。リデザインとはあまり縁がない国のように思われがちであるが、そんなことはなく、アルビーニはこの作品に至るまでに10種類を超えるウィングバックの似た作品を発表しており、それらの帰結点としての作品がこのフィオレンツァなのだ。頭部を側面からも支えるウィングバックチェアは、17世紀中頃から18世紀にかけてイギリスにおいて完成された椅子のデザインである。アルビーニもこうした古典的な作品をリデザインした。名作は突然や偶然生まれるのではなく、リデザインの延長線上に必然的に生まれるのである。

1952年｜Meisterstück 149

ブ ラ ン ド：MONTBLANC（モンブラン）
素材・仕上げ：ペン先／ハンドクラフトによるロジウム仕上げを施した18Kゴールド、ボディ・キャップ／プレシャスレジン、トリム／ゴールドコーティングスリーリング、クリップ／ゴールドコーティング

私たち人類はその誕生から今日まで、より良い暮らし、より快適で便利な暮らしを求め、今日の繁栄を手にした。その根源にあるのは、人間の欲であり、それがエネルギーの源となったと言っても過言ではない。特にコンピューターによる情報化社会となった現代、その傾向は著しく、加速度的なものとなり、人類の進化を遥かにしのぐ勢いである。

手を使って文字を書くという、人間の最も基本的な行為においてもそれは例外ではない。文字は筆記具と手と紙がそれぞれ接した状態で書かれるのが常であるが、タイプライターやワードプロセッサー、パーソナルコンピューターの出現は、書く行為をキーボードを打つ行為に変えてしまった。個性豊かな有機的な線で表現された文字が、無個性な機械による文字になったのだ。かつて犯罪者が筆跡による追跡から逃れるため、印刷文字の切り貼りや、定規を使ったり、利き腕とは逆の手で書いたりしたのは遠い昔のことのように思われる。

美しい文字はその人の知性を表すものであったが、今ではそうした手の温もりを感じる文字を見る機会も少なくなってしまった。人類が誕生して以来、進化し続けてきた手と頭であるが、便利さを追求する現代社会にあって、このところ手が退化し始めたようである。工業デザイナーでもあり、道具の研究家でもあった秋岡芳夫氏は、自身の著書で常に手の可能性やその魅力について述べておられた。

「手はものさし、はかり、温度計。手は道具。手は器。手はパワー。手はセンサー。手は目。手は脳。手は考え、観賞し、工作する。そして手は遊ぶ。遊んで心を喜ばせる」。

こんな手が喜ぶ筆記具が、ドイツ・モンブラン社の万年筆である。同社は１９０６年、「シンプロ フィラー ペン カンパニー」として創業。その代表作が〈マイスターシュテュック〉シリーズである。１９２４年の発表以来、世界の文豪たちに愛されてきた名品である。１９３４年に現在の社名となったが、その象徴がアルプスの名峰・モンブランの頂を覆う雪をイメージした「ホワイトエンブレム」で、キャップの頂を美しく飾る。

また、ペン先にはモンブランの標高を表す４８１０が刻まれており、ボディーは黒いレジン(樹脂)に金またはプラチナ仕上げのトリムが入っている。ペン先が磨耗してくると、ペン先を交換し、それぞれの使用者の書き癖に合わせて調整してくれる。私も50年以上前に入手、これまでに何度か調整してもらった。

1953年｜F031 Desk
1956年｜CM231 Chair

ブ　ラ　ン　ド：METROCS(メトロクス)
デ ザ イ ナ ー：Pierre Paulin(ピエール・ポラン)

F031 Desk
素　　　　材：天板／メラミン化粧板、取手・脚部／スチール、引き出し／オーク・チーク
サ　イ　ズ：本体／W130cm×D61cm×H72.5cm、引き出し深さ／上段8.5cm、下段11cm
カ　ラ　ー：ブラック、ホワイト
CM231 Chair
素材・仕上げ：本体／スチール(粉体塗装)、張地／本革
サ　イ　ズ：本体／W38cm×D47cm×H730～89cm、SH39～55cm、ベース部分／W60cm×D60cm

Photo:Yosuke Owashi, Styling:Masato Kawai, Cooperation:Flos Japan, Royal Furniture Collection, YellowKorner Japan

第二次世界大戦が終わり、占領軍の統治下、教育基本法が誕生したのは昭和22年である。この法律は二度と戦争を起こすことのないよう、平和教育の立場からつくられたものだ。新しい学校教育制度により生まれたものの中に学童椅子と机があった。多くの日本人にとって、それまで床座で育った子どもたちが椅子を経験するのは小学校入学時であった。この椅子と机は中高年以上の人たちに良き想い出としてあるだろう。

角材と板で構成された学童家具は、当時のアメリカ軍を中心とした占領軍のもとで指導、デザインされたものではないかと考えられる。それらは装飾的要素は皆無である。こうしたデザインはアメリカのミッションスタイルと呼ばれるキリスト教団体が布教のために設立した学校で使われていた家具と類似点が多い。そうした様式はアメリカン・アーツ＆クラフツ運動の中心的な人物、グスタフ・スティックリーの作品に多く見られる。信仰や道徳に対する考え方は、簡素で飾り気のないストイックな家具を生み出したのである。この考え方こそが戦後、日本の教育の現場にふさわしい家具とされたのだろう。すべての国民に民主的で平等な義務教育を享受させるべく採用されたミニマルな美しいデザインであった。私の記憶では杉材でつくられていたため、接合部に緩みが生じたり、座板の釘が浮きズボンに鉤裂《かぎざき》を生じることが多々あった。

翻って現代の日本人の一般家庭での机と椅子となると、子ども部屋以外であまり見かけないのではないだろうか。新型コロナウイルスによってリモートワークが推進され、家庭での仕事量が増え、そのため巣ごもり需要として机や椅子の購入数が増したことがあったが、多くの人たちの家庭でのデスクワークはダイニングテーブル＆チェアで対応していると聞く。

ここで紹介する作品は、フランスのデザイナー、ピエール・ポランによる、1953年デザインのデスクと56年デザインのスウィベルチェアである。いずれも無駄な要素を徹底的に排したデザインだ。特にデスクは、引き出しとデスクの天板が段差のない同一平面となっている。それでいて明確に区切られた天板の素材対比は見事である。より少ない要素で最大の効果を表現するミニマルデザインのデスクとして他に類を見ないオリジナリティーあふれる傑作である。日本の狭い住空間でも場所を取らないサイズは、リビングルームの一角に置いても邪魔になることはなく、空間の質を高めるだろう。

こうした過去の名品、名作を日本はもとより世界から見出し、復刻、紹介、販売しているメトロクスの企業姿勢は、少なからず日本の生活文化の向上に役立っていると思われる。短絡的な新作主義や他作のイミテーションおよびファストプロダクツなどに捉われることなく、すぐれたものを永く使い続け、使い切ること。そんなものを通して民度を高めることが求められている。

1954年｜Peter

ブランド：Konrad Keller（ケラー）
メーカー：Margarete Ostheimer GmbH（オストハイマー社）
デザイナー：Hermann Schwahn（ヘアマン・シュバーン）
素　　材：ビーチ
サ イ ズ：W83㎝×D30㎝×H54㎝、SH30㎝

最近の子どもたちを見ていて、「健やかさ」を感じることがない。と言うよりも、街の中に子どもの姿を見つけることが難しいと言ったほうがいいのかもしれない。かつては路地はもとより、空き地や道路など、至るところに子どもの姿が見られた。それも小さな子どもから体格の立派な子どもまで、年齢幅のある子どもたちがグループで遊んでいた。その遊びも地域性があったり、自分たちで工夫した遊びや、そのための道具＝玩具が数多く存在した。またそれらの遊びの種類は季節によっても大きく変化した。

　しかし、そうした遊びも時代とともに変わり、遊びの場も屋外から屋内へと移り、やがてコンピューターが普及するとテレビゲームがその主役となり、遊びという行為が実体験からモニター画面上のバーチャル体験へと大きく変わってしまった。そしてその内容は個人対ゲーム機という、本来楽しさやにぎやかさ、笑顔、感動などの豊かな感情が生まれるはずの遊びとはまったく逆の、暴力や殺人、破壊などバーチャルならではのものとなってしまっている。このような生活環境の中からは、子どもの社会性や豊かな感性、人に対する思いやりといった感情は芽生えにくく、バランスのとれた精神と健全な肉体の発育は望めない。また玩具ショップでもプラスチック製のキャラクターを模したフィギュアが主流である。時代とともに子どもたちのニーズが変わったと言えばそれまでであるが、子どもたちにとってもっと大切な、不変的な「健全さ」があってもいいのではないだろうか。

　ここで紹介する名品は、ドイツのケラー社で１９５４年以来商品化されている木馬〈ペーター〉である。玩具発祥の国ドイツをはじめ、スイスや北欧諸国には優れた木製玩具が数多く見られる。それらに共通するのは、子どもの創作意欲を刺激すること。高い加工技術により生まれる完成度の高い製品であること。楽しい遊びを想起させるとともに喜びをもたらすものであること。安全な構造と耐久性があること。遊びの中から教育的価値を見出せること。それぞれの年齢に適した色や形であることなど、さまざまな要素があげられるが、それらの根底にあるのは、子どもに対する愛情であろう。子どもを「人格をもった小さな人間」と捉えるところから、メーカーのみならず、玩具デザイナー、職人など、そのプロセスに関わる人々すべてが真剣に取り組んだ結果、生まれたものであろう。

　このペーターもそうした中から生まれた木馬である。日本にも木馬は多く見られるが、造形的にも人間工学的にもこれを超えられるものは残念ながら見当たらない。このペーターを使う子どもならきっと健やかに育ちそうだ。

1954年｜Ulm Stool

ブランド：wb form（ヴェービーフォーム）
デザイナー：Max Bill（マックス・ビル）
素　　材：本体／スプルース（米唐檜）、床設置部・貫木／ビーチ
サ イ ズ：W39㎝×D29㎝×H44㎝

２０１９年はドイツに創設された総合芸術学校、バウハウス誕生から１００年の記念の年で、世界各地でバウハウス展が開催された。同校は１９１９年、ワイマールに創設され、ナチスによって閉鎖される１９３３年までの短い期間であったが、その教育理念は日本をはじめ、欧米の国々に多大な影響を及ぼし、その精神は現代も受け継がれている。

　バウハウスには日本人も留学していた。最初の人物は水谷武彦で、彼は１９２１年に東京美術学校（現・東京芸術大学）を卒業後、１９２７〜２９年にかけて文部省の給付留学生としてバウハウスで学んだ。水谷は建築が専門であったが、１９２９年、卒業を果たさず帰国した。翌年には山脇 巌・道子夫妻が入学している。巌は長崎県生まれで、東京美術学校に１９２１〜２６年まで在籍。写真と芸術を専門とした。旧姓は藤田であったが、山脇家に婿入りする条件として、道子とともにバウハウスに留学することと、その費用を負担してもらうことであった。１９３０年、カルフォルニア、ニューヨークを経てベルリンに入り、念願のバウハウス入学を果たした。

　当時のバウハウスはデッサウに移転しており、道子はそこでドローイングやテキスタイル、タイポグラフィを学んだ。この頃はナチスの台頭もあり、公立のバウハウスは夫妻が在籍していた年が最後となった。翌年、私立バウハウスが再開されたが、その年の14人の新入生の１人が大野玉枝であった。彼女はファッションとテキスタイルを専門としていたが、8月10日、突然ナチスによって閉鎖され、彼女の在籍期間は3ヵ月あまりとなった。

　ここで紹介する〈ウルムスツール〉の考案者、マックス・ビルは１９０８年スイスに生まれ、１９２４〜２７年までチューリッヒ工芸学校で学んだ後、バウハウスに入学。１９２９年まで在籍した。その期間は水谷と同じである。ビルは建築、絵画、彫刻、デザインなど、その領域は広かった。１９５０年にはバウハウスの理念を受け継ぐべく、ウルム造形大学の創設に関わり、１９５５年の開校時には初代学長として就任したが翌年に退任している。

　ウルムスツールは、ウルム造形大学の学生のためにデザインしたもので、スツールとしての用途のほか、サイドテーブルや棚、そして丸棒の貫を持ち手とした運びやすさも考えられている。また、この作品には3種の接合方法が見られる。座面と側面の接合部は組接ぎ、側面下部には反りを防ぐ実《さね》はぎ、丸い棒状の貫はほぞ組みなど、いずれも精致な加工が施されている。

　私の手元には、マックス・ビル直筆のサイン入りのスツールと、山脇 巌著の「欅」と「欅 続」の初版本がある。「欅 続」には山脇道子の直筆のメモとサインが記されたものがある。これらの貴重な資料は、後世に残すべき文化遺産と言えるものだろう。

1956年｜Lamino Chair

ブランド：SWEDESE（スウェデッセ）
デザイナー：Yngve Ekström（イングヴェ・エクストロム）
素　　材：オーク、ムートン皮/布張り
サ イ ズ：W70cm×D74.5cm×H100cm、SH41cm

数あるインテリア雑誌の中、そのほとんどに、家具についての特集がかなりのページ数をさいて組まれている。さらによく見ると、それらの家具では断然、椅子についての記事が多いことが分かる。

家具の中でも特に椅子はその種類が多く、国産のものも含め、毎年膨大な数の椅子が紹介されている。そうした椅子であるが、日本から輸出される数はと言えば、その量はごくわずかなものである。国内で需要のある椅子のうちどのくらいかは不明であるが、ヨーロッパをはじめ、発展途上国からの廉価な輸入製品も年を追って増加している。

私は椅子を研究している立場上、海外で購入した椅子を個人的に輸入することが多い。その手数料はばかにならない。メーカーやショップで購入した場合、その梱包料に始まり、コンテナまでの送料や相手国の輸出に係わる手数料や海上輸送料、日本に着いてからのコンテナからの荷降ろし、開梱費用、通関費用、こちらまでの輸送料等々、細々とした費用が必要となる。そのため輸入家具は国産家具と比較するとかなり割高なものとなる。しかし、こうした経費を含めても、発展途上国からの製品は国産のものと比べ、はるかに安価である。これは単に人件費だけの安さによるものではないように思われる。その品質やデザイン性をよく見れば一目瞭然である。

かつての1ドル＝３６０円時代とは違い、ヨーロッパからの輸入家具も高嶺の花ではなく、身近なものとなってきた。写真のスウェーデンのイングヴェ・エクストロームデザインの〈ラミノチェア〉は、1／2スウェーデン製、1／2日本製※の珍しいものだ。旭川に本社を置くインテリアセンター（現・カンディハウス）が、この椅子のフレームのみをパーツ輸入し、その組み立てと椅子張りを同社で行っていた。家具の輸送や保管というものは、空気を輸送、保管しているようなものと言われ、その容積に対する経済的負担はかなりのものである。そうした負担を少しでも軽減するために考えられたユニークなシステムである。北欧を代表する名作椅子を、手頃な価格で手に入れることが可能になったのである。同社ではこのほかに海外や日本の著名なデザイナーと契約を結び、優れたデザインの数々を商品化している。北海道で生まれる名作の数々を購入し、使い続けるということで、地元の企業を支えていきたいものだ。

※原文執筆（２００４年）時の情報です。現在は販売終了

1956年｜Secticon

ブランド：アイシーデザイン
デザイナー：Angelo Mangiarotti（アンジェロ・マンジャロッティ）
素　　材：本体／陶器、風防／アクリル樹脂
サイズ：H15.5㎝、Φ11.5㎝

手で触れることのできない、実体のない、無形の、捉えようのないということをインタンジブルと言う。それに対して、触知できる、手で触れられる、確実な、というのがタンジブルである。

実体のないものを「見える化」する例は、私たちの身の周りにはたくさんある。例えば、人間の五感に関わることは感覚的なものであり、実体としてはなかなか把握し難いものである。しかし、それらは人間工学的な研究により、具体的に把握・理解されるようになった。視覚的な分野ではピクトグラム（絵文字）やサイン、シグナルなどがある。触覚の分野では、センサー機能によってさまざまな製品が開発されている。このほか、聴覚や味覚、嗅覚の分野でもそれぞれの感覚を数値化したり、色の変化等で、見える化することが一般的なこととして受け入れられている。

こうした人間の五感のほか、日本人が持つ独特な精神面を見える化したものも数多い。神聖な場所を表す鳥居や、注連縄《しめなわ》、結界を表す低い垣根などのほか、熨斗袋では水引の色や、その結び方により慶事と弔事を使い分けてきた。

また、実体として存在していても捉えようのない、漠としたものをより理解しやすくしたものとして、路線図や、等高線が記された地形図、地図、海図、地球儀などがある。そのほか、実際には見ることが困難な解剖図や分解図などもある。これらは総称してダイアグラムと呼ばれるものだ。

さらに現在はその実体がなくても、将来具現化されるものを表すものとして設計図などの図面もある。このようにインタンジブルなものをタンジブルにするための努力は古くからなされてきたのである。

時間もインタンジブルなものである。時間の概念は太古の昔からあり、それらを示す遺跡は世界各地に残されている。太陽暦は１５８２年、ローマ教皇グレゴリウス13世が制定したもので、1年を３６５日、４００年に97回のうるう年を設けて、太陽と暦日を調節したものだ。太陽の位置から生じる影を利用した日時計をはじめ、水時計や砂時計、火時計など時間という目に見えない要素を測定するための道具が世界各地で考案された。

写真の置き時計は、イタリアの鬼才アンジェロ・マンジャロッティが１９５６年にデザインしたもの。彼の特徴でもある有機的な曲面が見事に生かされたものだ。彫刻家でもあり、建築家でもあったマンジャロッティのオリジナリティーあふれるデザインである。１９６０年代に描かれていた未来都市を彷彿させてくれるもので、時を刻む彫刻作品とも言えよう。時間という概念を美しい造形物として残してくれたマンジャロッティに感謝。

1956年｜Turning Tray

ブランド：ARCHITECTMADE（アーキテクトメイド）
デザイナー：Finn Juhl（フィン・ユール）
素　　材：チーク
サイズ：Small／W45㎝×H23㎝、Medium／W48㎝×H30㎝、Large／W51㎝×H38㎝

1917年頃、「デンマーク近代家具デザインの父」と呼ばれたコーア・クリントが、人体各部の寸法を計測し、そこから得られた知見をもとに「分析の概念に基づく家具デザイン」の研究を発表した。そのことが今日の機能的なデンマーク家具を生み出すきっかけになったと考えられている。ドイツにおいてもアドルフ・シュネックが同様の研究を、クリントから5年遅れて発表している。これらの研究は現代の人間工学にも通じるものであり、両国の高い家具評価の背景とも言えるものではないだろうか。

一方、わが国に目を転じてみると、こうした人体の寸法を採り入れたデザインは、実は古くから存在していた。今でも年配の大工職の人たちが使っているL字形の金属製「曲尺《かねじゃく》」や、かつて鯨のひげを材料につくられた「鯨尺」は後に竹でつくられ、裁縫にはなくてはならない物指しであった。このほか「呉服尺」「享保尺」などがあり、これらはいずれも「身度尺」と呼ばれる人体寸法から考え出された物指しから生まれたものと考えられる。身度尺の単位として「尋《ひろ》」があるが、これは両手を広げた際の寸法である。そもそも尺というのは尺貫法における長さの単位であり、1メートルの33分の10と定義されており、寸の10倍、丈《じょう》の10分の1である。数十年前、わが国古来からの度量衡法であった尺貫法が廃止され、国際的なメートル法に変わってしまったため、この尺という単位は使われなくなった。しかし、人体寸法から生み出された尺や寸、分の寸法は、現代生活の中にも生かされている。

曲尺の1尺は鯨尺の8分にあたり、その比率は10対8となっている。鯨尺は女性が使うことが多く、鯨尺で女性の身体を測ると、腰幅がちょうど1尺となる。工業デザイナーであった秋岡芳夫氏によると、こうした寸法を応用したものとして、主に女性が使ったお盆、お膳がある。氏によると丸盆、長手盆、一文字盆、そして箱膳や会席膳なども大体1尺の寸法となっている。こうしたお盆、お膳を前に、和服で正座すると、膝幅と寸法がそろって食事の動作が美しくなる。さらに、女性がお盆やお膳を運ぶ際にも、両肩の幅の中に収まり、廊下でのすれ違いもスムーズになろうというものだ。

さて、ここで紹介するのは、「家具の彫刻家」として知られるフィン・ユールの〈ターニング・トレイ〉である。その名のように、ひっくり返すと色が違っており、両面使いできるものだ。サイズは3通りあり、日本のお盆、お膳のように身体の寸法から生み出されたものか疑問は残るが、その美しさは彼の家具で実証済みであろう。

1957年｜16 ANIMALI
1974年｜16 PESCI

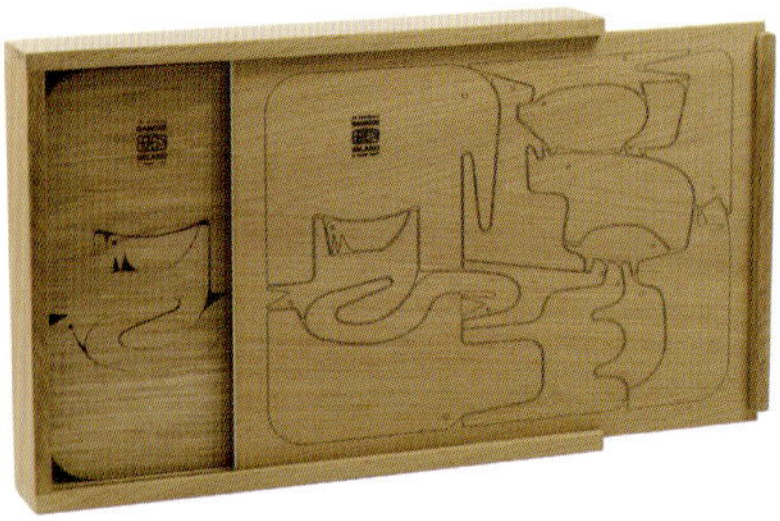

ブランド：DANESE（ダネーゼ）
デザイナー：Enzo Mari（エンツォ・マーリ）
素　　材：オーク、木製ケース（シルクスクリーンプリント）
サ イ ズ：W37.5㎝×D27㎝×H5.5㎝

ＩＴや交通の飛躍的な発達はグローバル化を招き、ますますボーダーレスな時代へと向かっている。こうした傾向は、それぞれの国独自の文化や国民性を平均化させ、インターナショナルなものへと移行させていく。世の中の変化があまりにも早過ぎるため、私などは時代にとり残されてしまっているようだ。特にデザインのような分野においては、そのスピードはすさまじいばかりである。こうした時代にそれぞれの国のデザイン文化の独自性を維持することは、ますます困難になりつつある。そうした中でも北欧諸国やドイツ、アメリカ、イタリア等の国々では、デザイン・アイデンティティーを保っているのではないだろうか。北欧諸国では、それぞれに小さな違いはあってもさほど大きな相違は見られない。これは一般にスカンジナビア・ハーモニーと呼ばれるものであり、そこに共通しているものは、人に優しく、温もりのある機能的で美しいプロダクツである。一方ドイツ、アメリカ、イタリアについては、エットーレ・ソットサスの言葉を引用してみると面白い。

「たとえばアメリカのような商業的観点ではなくて、デザインするということは、イタリアでは人間を幸せに居心地よくすることだった。アメリカではデザインすることは、より多く売ることを意味している」「ドイツのデザインは近年ますます牢獄のようなものになってしまっている。偉大な機能という言い逃れのために、その大いなる機能を証明するために、すべてが計算できて、すべてが理解可能で、すべてが単純明快でなければならない。より理解しやすい部分はモノの表面であるからだ」「このドイツと逆なのがイタリア流儀のデザインだ。イタリア人はいつもこう考えてきた。ああ、私はデザインしたい。なぜって好きだからさ。私は、自分の存在を示す手段はデザインだと考えているんだ」。（佐藤和子著『「時」に生きるイタリアデザイン』より）

このソットサスの言葉からも分かるように、イタリアのデザインには機能に優先するアイデアと遊び心がある。ルイス・サリヴァンの名言「形態は機能に従う」という言葉も、イタリア人には通用しないのかもしれない。

エンツォ・マーリの動物パズルも遊び心あふれる作品であり、子どもというよりも大人がほしくなる教育用玩具だ。陸の動物をモチーフとした１９５７年デザインのものと、海の生物をモチーフとした１９７４年のものがある。そのデフォルメされた造形力とアイデアは名作の名に恥じない。

1958年｜2097

ブランド：FLOS（フロス）
デザイナー：Gino Sarfatti（ジノ・サルファッティ）
素　　材：真鍮、銅
サ イ ズ：2097 18／H51㎝、Φ69㎝、2097 30／H72㎝、Φ88㎝、2097 50／H88㎝、Φ100㎝
カ ラ ー：マットブラック、マットホワイト、ゴールド、クローム

照明器具にも他のアイテムのように、それぞれの国民性や時代性が反映される。日本に蛍光灯が普及するまでは夜の暗さは当然のことと受けとめ、ほの暗い灯明や提灯、ワット数の低い電灯が暮らしの中に存在した。それは昭和20年代後期まで続いた。そうしたほの暗さは日本人の暗さに対する感性と美意識を生み出し、文学の中にもさまざまに表現されてきた。谷崎潤一郎の『陰《いん》翳礼讃《えいらいさん》』はその代表例と言えるだろう。

一方、北欧では暗い冬の夜長を温かく暮らす明かりの文化がある。個人の住宅はもちろん、公共施設やレストランなど、至るところにキャンドルが灯されており、キャンドルホルダーの種類も数多い。照明器具のデザインも豊富で名作と言われるものが多い。それらに共通しているのは人の目に優しい、光源が直接目に当たらないグレアレスとなっているところだ。また、北欧の一般家庭では天井に直接照明器具を設置するシーリングランプはほとんど見られることがない。シーリングランプは部屋全体に明かりを届ける機能があるが、光源が高いとオフィシャルな空間となり、アットホームな温かさは得られない。そのため、リビングルームには各コーナーに合わせて6～8種類のペンダントランプ、フロアランプ、テーブルランプ等々、それぞれの場所に適した照明器具が設えられている。

北欧とは少し違った明かりの文化をもつのがイタリアだ。イタリアの住空間は天井も高く、開口部も多い。地中海気候は雨も少なく明るい。そうした環境は国民性に表れ、彼らが生み出すデザインにもそうした特徴はよく見られる。イタリアの照明器具は自由な発想からユニークでオリジナリティーあふれるデザインが多い。それらの多くが可動構造という遊び心に通じる点もイタリア人らしさだ。北欧もイタリアも要は、必要な場所に必要充分な明るさを提供できればいいのである。また、イタリアでは照明のグレアレスに捉われることなく、光源を動かすことでその問題をクリアしている。機能性よりもデザイン性の楽しさが人々を幸せにするという考え方なのである。

ジノ・サルファッティは、イタリア照明デザイン界の大御所だ。生涯で６００を超える照明器具をデザインし、それらの中には20世紀の名作デザインと評価されているものも多い。自ら照明器具の会社を設立、その社名はアルテルーチェ（芸術的照明）というものだ。

写真の作品は古典的な装飾物そのものといったシャンデリアを、サルファッティ独特の解釈で、モダンデザインとして表現したものだ。この作品では電線が生み出す曲線さえも重要なデザインエレメントになっている。現在はフロス社で生産されており、電球の数が50・30・18球と3タイプある。かつては、同じ発想で壁に取り付けるブラケットタイプや放射状に広がりを表現したものなども見られた。そんな中でもこの作品は秀逸だ。この他にも復刻が期待されるデザインも多い。今後を待とう。

1958年｜PH 5

ブ ラ ン ド：louis poulsen（ルイスポールセン）
デザイナー：Poul Henningsen（ポール・ヘニングセン）
素材・仕上げ：**塗装タイプ**　アルミ（マット塗装）
メタルタイプ　銅または真鍮（ポリッシュ仕上げ、表面無塗装、シェード内面は白色塗装）
サ イ ズ：H26.7㎝、Φ50㎝

北海道の冬は本州に比べ長く厳しい。しかし、北欧はそれに加えて冬の日照時間が極端に短く、12月ともなると午前10時を過ぎる頃にやっと明るくなるが、午後2時をまわるとたちまち暗くなる。こうした厳しい冬の夜長が北欧の「明かり」を育んだと言えよう。北欧では家庭のみならず、役所や銀行、一般のオフィスやレストランなど至る所でろうそくが灯されている。また電灯はほとんどが暖色系の電球色の光であり、日本のように白っぽい光を見かけることはほとんどない。これは暗く厳しい冬の夜を少しでも暖かく過ごすための工夫であろう。蛍光灯は「死者のための明かり」として嫌われた。事実、蛍光灯の寒色系の光は、人の肌の色を暗く沈んだ色に見せてしまい、その表情も硬いものとなったからだ。また食品に関しても同様のことが言えよう。

暗く長い夜は独特の「明かりの文化」をも生み出した。その好例がポール・ヘニングセンのデザインした〈PH5〉である。ヘニングセンはこのランプの原型モデルを1920年代前半に発表している。そのモデルはさまざまなバリエーションモデルを生み出し、北欧の明かり文化の象徴ともなっている。それらのPHランプに共通しているのは「人に優しいデザイン」であろう。ランプの光源からの光の屈折率は、当時コンピューターのなかった時代にもかかわらず、見事に計算され、光はシェードの曲面に反射させることにより、人の目に直接射し込むことはなかったのである。こうした光源が直接外にもれないデザインが、第二次世界大戦中のコペンハーゲンのチボリ公園で、空襲に対して敷かれた燈火管制下でも市民のために明かりを提供したことは、有名なエピソードである。

このPHランプに見られるものづくりの考え方の根底には「使用者の立場に立った、機能的で使いやすく、美しい日用品を一般大衆のためにつくり出すこと」という使命感があった。当時は多くの芸術家やデザイナー、工芸家たちが一部の富裕層のためのものづくりに終始していた。そうした状況の中で、ヘニングセンは自ら編集を務めていた評論雑誌『クリティクス・レヴィ』を通して、彼らを痛烈に批判・攻撃したのである。彼のこうした行動は大きな力となり、「日用品をより美しく」という国民運動にまで発展していったのである。

このPH5は、数あるペンダントライトの中でも最高傑作だと思う。私はハンス・J・ウェグナーの「ザ・チェア」に倣って、この作品に「ザ・ランプ」の称号を捧げたい。ちなみにこの作品、デンマークの工芸品シリーズの切手にも選ばれている。

1958年｜RIEDEL Wine Glass

ブランド：RIEDEL（リーデル）
モデル：＜ソムリエ＞ブルゴーニュ・グラン・クリュ
素　材：クリスタル
サイズ：H24.8㎝、Φ約9.2㎝
容　量：1050cc

動物にはそれぞれに優れた感覚が備わっており、それらは生存のための本能とも言えるものである。猛禽類の視力や犬の嗅覚などは、人類とは比較にならない素晴らしい感覚器官を有している。野生生物からみればいささか退化した人類ではあるが、私たちには基本的に五感と呼ばれる代表的な感覚がある。すなわち視覚、聴覚、嗅覚、味覚、触覚である。このほか、第六感や予言・透視など普通では考えられない能力を有する超能力の分野もある。そんな感覚器官の中で最も個人差の大きな感覚が味覚ではないだろうか。

初めてビールを口にしたときの苦さがいつしかうまさに変化したり、口の中が焼けそうなほどの激辛のカレーを平然と食べる人もいる。それぞれ食に関する嗜好は千差万別である。また、味覚は嗅覚と密接な関わりがあり、鼻をふさいだ状態ではどんなに素晴らしい料理も味をあまり感じない。風邪をひいたときの食欲のなさも案外このようなことが原因なのかもしれない。世界には発酵食品と呼ばれるものがあり、かなり強烈な臭いを発するものがある。こうした食品に付きものの臭いを無臭状態にすると、それらの食品の嗜好者は悲しむことになるかもしれない。

また味覚には歯ごたえという感覚も伴う。とろけるほどに煮込んだ料理もあれば、歯が欠けそうな硬い煎餅、シャキシャキとした歯ざわりなど、この分野においては日本人は特にこだわる傾向がある。このほか、味覚には口当たりという触覚に近いものもある。

リーデルのワイングラスは、器によって味覚が左右されると言わしめたほどの逸品だ。ワインをはじめ、さまざまな食品はその器やブランド、産地や年代など、その食品本来のもつ要素とは別な部分によって支配されることが多い。ある種の思い込みによりおいしいと感じてしまうものだ。これは「プラシーボ効果」と呼ばれるもので、実際には効果のないブドウ糖や乳糖などを、被験者に薬と思い込ませ治療を行い病気を治す方法で、偽薬効果とも言われ、味覚の分野にもあてはまる。

リーデル社ではワインの性質、個性をより引き出すため、さまざまな形状のグラスを開発している。同社のグラスはワインのみならず、その香りをもグラス内に満たし、味わうことを前提にデザインされている。それらは薄く、極めて透明度の高いクリスタル製である。１７５６年の創業以来、高度な技術によるハンドメイドグラスはワイングラスの代表的なものだ。もしもワイングラスがプラスチックのぶ厚いものだとしたら、同じワインでもその味は驚くほど違ったものになるだろう。

1960年｜Lounge Chair C-3160

ブランド：ワイ・エム・ケー長岡
デザイナー：剣持 勇
素　　材：本体／ラタン、座面／クッションアクリル70%、ウール30%
サ イ ズ：W90㎝×D85.5㎝×H72.5㎝、SH38㎝

　籐はラタンあるいはケインと呼ばれるヤシ科の蔓性植物で、その主な自生地はベトナムからオーストラリア北部に至る東南アジアである。茎には鋭いトゲがあり、そのトゲを木に絡ませ、熱帯ジャングルの中で２００メートルを超える長さに成長する世界一長い植物だ。成長が早いため5年以上を経たものは、古くから家具や日用品などに利活用されてきた。その種類は多く、２００種以上が確認されている。それぞれの茎の太さに応じて使い分けられるが、太いものは大民、中くらいのものは中民、細いものは小民と呼ばれる。成長の早さから竹と似た使われ方をされるが、竹との違いは茎が中空ではないことだ。その特徴を活かし、皮の部分「皮籐」と、芯の部分「芯籐」が製作するものの適材・適所に合わせて使われる。椅子などのシート部分は3次元曲面を構成することが多いが、そうした曲面を細かく編み上げることで極めて美しいフォルムを生み出す。

　写真の作品は１９５２年に創業された山川ラタン社によって生産されていた。その後、経営破綻し一時的に廃盤となったが、山川ラタン社の社員によりＹＭＫ社が創設され、現在この作品はＹＭＫ長岡社で5人の熟練職人によって生産が続けられている。一方、山川ラタン社は再建され山川ラタン東京社として、ナナ・ディッツェルの作品などを販売している。

　ＹＭＫ長岡社のホームページには製作プロセスが詳しく紹介されている。まず木取り、そして切断。歪みを工具で真っすぐにするため直し。そして正しいフレームに合わせた曲げ加工・成形（曲げや整形段階では蒸気熱を利用）。皮籐を使い各パーツを固定する組み立て。芯籐を竹ヒゴ状にしたもので編み込み、全体が出来上がった状態で籐のささくれ部分をバーナーで焼き、表面をなめらかにする仕上げ。これらの工程を経て出荷されるのだ。山川ラタン東京社ではインドネシアの工場で製造している。

　写真のラウンジチェアは剣持 勇氏がホテルニュージャパンの内装を手がけた際、ラウンジ用にソファやスツールとともにデザインされたものだ。しかし、実際に使われていたのはバー・マーメイドであった。当時はその形状から「籐丸椅子」などと呼ばれていた。剣持は、欧米のデザインとは違う日本独自のモダニズムをとの考えから、ジャパニーズモダンと呼ばれるモダニズム運動を展開した。この考え方に賛同したのが渡辺 力、柳 宗理、長 大作、水之江忠臣らであった。この活動から生まれた作品はニューヨーク近代美術館の永久展示作品となったり、ミラノトリエンナーレで受賞作となる作品を生み出したのである。

　ホテルニュージャパンはかつて、千代田区永田町に１９６０年に建てられ、その場所柄、多くの政治家や芸能人に利用された。しかし、１９８２年、宿泊客の火の不始末から大火災となり33人もの犠牲者を出し、その後ホテルは廃業となった。筆者も１９６９年に投宿したが、残念ながら剣持の内装デザインとは知らなかった。

1961年｜Modus Easy Chair

ブランド：Søren Willadsen（ソーレン ウィラッドセン）
復刻メーカー：宮崎椅子製作所
デザイナー：Kristian Vedel（クリスチャン・ヴェデル）
素材：フレーム／ビーチ、ホワイトアッシュ、メープル、ブラックチェリー、オーク、ウォールナット、座・背・肘／レザー
サイズ：W71㎝×D64㎝×H66㎝、SH35㎝

20世紀初頭に誕生した家具でありながら、1世紀を経た現在も製造・販売されているものは数多く見られる。20世紀は科学技術が著しく発達し、新素材の開発や、それまで困難とされていた加工技術が実用化された時代でもあった。そんな時代に巡り合えたデザイナーたちはアイデアにあふれるユニークなデザインを発表し、世界を驚かせた。スチールパイプ製の椅子や、石油系のプラスチックを使った椅子はその典型例であろう。特に20世紀中頃は家具をはじめ、プロダクトデザインの絶頂期を迎えた時期であり、換言すれば名作デザインが出尽くしたかのような時代とも言えるだろう。それは家具に限らず、照明器具やテーブルウェア、カトラリー等の美しい日用品もその頃に集中して生まれている。それらは20世紀を代表するデザイナーによって手がけられたものがほとんどである。後に続く若いデザイナーにとっては、デザイン界の巨人たちが築いた高く厚い壁を超えることは並大抵の努力では叶わなかったように思われる。新しく発表された作品も結果的にデザイン寿命の短いものが多く、１９８０年代以降に発表されたものでロングセラーの商品は極めて少ない。知人のデンマークの著名なデザイナーに言わせると、「若者に最も不人気な職種が家具デザイナーだ」とのことであった。

　一方、そうしたデザイナーにとっての冬の時代に注目されているのが、過去に生まれ忘れられていた名作の見直しである。かつてロングセラーとして販売されたものの、市場の変化により、製造が中止されていた作品に注目し、復刻作品としてリプロダクトが相次いでいる。それは家具にとどまらず、さまざまな分野で見られる。

　クリスチャン・ヴェデルはデンマークデザイン界が黄金時代を迎えていた頃に活躍した人物である。鳥をモチーフにした置物やテーブルウェア、幼児のための斬新な家具は20世紀の名作とも呼べる作品群だ。写真の作品は〈モデュス〉という名のイージーチェアだ。モデュス（ラテン語で方法・様式）は英語のモジュール（基準・単位・基準寸法）に通じるもので、この家具のシリーズも一定の基準寸法に基づいてデザインされたものだ。こうした家具の寸法の基準（標準）化は１９２０年代にデンマークのコーア・クリントやドイツのフランツ・シュスターによって考案され、ユニット家具として発表されている。

　写真の作品に見られるような直線と曲線の組み合わせ、木とレザーの素材の組み合わせ、さらに厳格な基準寸法から生まれる美しい造形はデンマークのみならず、世界的に高い評価を得た。１９６１～８０年まで生産されていたが、その後市場から姿を消していた。最近になりデンマークではなく、日本で復刻生産が始まったことは喜ばしいことである。しかしながら、これはデンマーク家具界の様変わりを象徴することでもあり、寂しさを感じるものだ。

1962年｜AMELAND

ブランド：DANESE（ダネーゼ）
デザイナー：Enzo Mari（エンツォ・マーリ）
素　　材：ステンレス
サ イ ズ：W21.5cm×H2cm

私たちが日頃使用する道具にはそれぞれ共通する点がある。それは年代や地域が違っていても、用途が同じであればその形が驚くほど似たものとなることである。

例えば、ヨーロッパで古くから使われていた大きな草刈り鎌と日本の小さな草刈り鎌は、大小の差はあっても湾曲した刃の形態はほぼ同じである。またのこぎりやかんなにおいても、使用方法が押して切る場合と引いて切る場合の違いはあるものの刃の立て方には共通点が見られる。同様の類例は枚挙にいとまがない。このような現象を見事に言い表した言葉に、アメリカのルイス・サリヴァンの「形態は機能に従う」がある。機能によってその物の形はおのずと一つの形にまとまるということを端的に表現したもので、換言すれば、機能と形態は切っても切れない関係にあるということである。

また同様のことを、サリヴァンよりも１００年も前に唱えていた集団があった。１７７４年にイギリスからアメリカに集団移住したシェーカー教徒たちである。彼らは生活の中で使用するありとあらゆるものを自給自足とし、清貧の思想が不必要な装飾を施すことを禁じたのである。その頃の生活規範としてかかげた言葉に「美は用に宿る」「そのものがつくられた目的に完璧に応え得るものは、すべて完璧である」「いかなる力もひとつの形態を定める」等々が残されている。こうした言葉に込められた考え方は、近代デザインの本質とも言える機能主義につながるものとして注目に値するものだ。

しかし、こうした機能がその形（デザイン）を決定するというデザインアプローチとは逆の方法があってもいいのではないかという考えも存在する。つまりデザインが先にあって、機能は後からついていくというものである。換言すれば、使いづらくともデザインが美しければいいのではないかという考え方だ。こうした考え方はイタリア製品にときどき見かけられるものである。使いづらさを上回るデザインの美しさがあれば、少々のことには目をつぶってでも身の周りに置いておきたい、そういうものは確かに存在する。こうしたものの存在はデザイナーのみならず、そうしたものを商品化するというメーカーの勇気と、消費者の遊び心がデザイン優先のものを現実のものとするのであろう。

エンツォ・マーリのペーパーナイフもそうした典型例である。〈アメランド〉と名付けられた美しい曲面を持つ作品だ。まるで小さな彫刻作品のような造形美の刃物であるが、実際に使うとなるとこれがうまくいかない。握った際の角度が封を切る角度と合わないのである。しかし毎日何度も使うものではないし、「まぁいいか」という気にさせられる、そんな代物である。

1962年｜Arco

ブランド：FLOS（フロス）
デザイナー：Achille & Pier Giacomo Castiglioni（アッキーレ＆ピエール・ジャコモ・カスティリオーニ）
素　材：アルミニウム、大理石、ステンレススチール
サイズ：Arco／D215-220㎝×H230㎝、シェードΦ32㎝、ベースW24㎝×H55㎝
Arco Led／D215-220㎝×H240㎝、シェードΦ32㎝、ベースW23.5㎝×H55㎝

小説家であり随筆家でもあった谷崎潤一郎の『陰翳《いんえい》礼讃《らいさん》』は、まだ一般家庭に電灯が普及していなかった頃の日本家屋における美意識について記された随筆集である。

日本人は古来より陰影が生み出すものや空間から独特な感性を身に付けてきた民族である。ろうそくや燈明などの灯火具による明かりは部屋全体を照らすものではなく部分照明であった。そのような明るすぎない灯火具が、暗さの演出に秀でた民族を生んだのである。そこから生まれた美意識は簡素・質素を尊ぶ、わび・さびにつながるものと言える。

一方、そうした美意識と似ているのが北欧諸国である。北欧では異常とも思えるほどキャンドルの使用率が高い。一般家庭はもとより、レストランや公共施設でも多く見られる。また、北欧の照明は、その器具のデザインのみならず、その器具が発する明かりのデザインにもこだわったものが多い。それらの多くは光源が直接目に入らないグレアレスなものがほとんどである。照明器具に限らず、ほとんどの分野で使われるデザイン全般が人に優しい構造になっており、それが北欧デザインの特徴と言えるだろう。

そうした価値観とは異なるデザイン大国がイタリアである。イタリアの照明器具の多様なデザインはほかに類を見ない。日本では天井直付けのシーリングランプやペンダントランプ、壁に取り付けるブラケットランプなど、ほとんどが固定式なのに対して、イタリアではそれらのアイテムでも可動式なものが多い。まして、フロアランプやデスクランプに至っては多くのものが光源を可動できるのだ。要は、必要な場所に必要な明るさがあればいいのであり、そうした要件を満たせばデザインの自由度は無限にあると考えるのがイタリアのデザイナーたちである。そのためか、時には光源が目に入りまぶしさを感じさせる製品もあるが、そんな機能性の問題よりもデザインの美しさが人を幸福にすると考える国民性が勝るようだ。

ここで紹介するのはイタリアを代表する巨匠、アッキーレ&ピエール・ジャコモ・カスティリオーニ兄弟のデザインした、イタリア・モダンデザインのアイコンとも言える作品〈アルコ〉である。白い大理石のベースにスチールのバー、そして大きな円弧を描いてランプを支える部分は、その長さ（高さ）を変えられる構造で、ランプのシェードが可動式なため光の方向を変えることができる。限定版として黒の大理石バージョンが発売されたこともある。

このあまりにも有名な作品は他の名作と同様に中国で大量にイミテーションが製造されている。かつて、その贋作を見たことがあるが、完成度の低さにはあきれた。遠くから見ると判別がつきにくいが、近くから見るとディテールの精度は荒く、そうした贋作はデザイナーやメーカーの利益を奪うだけでなく、本来の権利を有した人たちに対する冒瀆《ぼうとく》である。こうした名品には立体商標権を付与し、輸入も販売も禁止すべきである。

1962年 | Blue line

ブ ラ ン ド ： ROYAL COPENHAGEN（ロイヤル コペンハーゲン）
オリジナルデザイン：Grethe Meyer（グレーテ・マイヤー）
カテゴリー ： クーププレート
素　　　材 ： ポーセリン
サ　イ　ズ ： Φ19㎝/23㎝/27㎝

北欧の美しく機能的な日用品の中でも、私たちの日常生活の中で最もなじみ深い陶磁器について紹介したい。

北欧には長い歴史をもつ陶磁器メーカーがある。最も古いものはスウェーデンのグスタフスベリ社で17世紀以来の伝統をもつ（１８２５年正式創業）ものから、１７２６年創業のロールストランド社や、１８７３年創業のフィンランドのアラビア社、１８８５年創業のノルウェーのポルシュグルン社、そしてデンマークでは、１７７５年創業のロイヤルコペンハーゲン社※がある。

ロイヤルコペンハーゲン社はクリスチャン4世と王妃のジュリアン・マリーが後立てとなって創業、１７７９年には王立製陶所となった。民間企業となった現在も、その社名に「ロイヤル（王の）」を冠し、さらに器の裏側には王冠のマークが入っている。

同社ではこれまでに数々の話題作を発表しているが、中でも１７８９年にデンマーク王室から、ロシアのエカテリーナ2世への贈り物としてつくられた「フローラダニカ」は、その完成までに12年の歳月が費やされた。しかしその間にエカテリーナ2世が亡くなったため、実際には贈られず、現在はマルグレーテ2世が住むアマリエンボー宮殿に飾られている。しかも、この「フローラダニカ」は現在も商品化されている。

このほか日本人にもなじみ深い「ブルーフルーテッド」はもともと、日本や中国の染め付けがヒントになったオリエンタルモチーフである。このモチーフは創業当時に短期間つくられていたものであるが、１８８５年にアーノルド・クローによって復刻されたものが現在まで製作され、同社の代表モデルとなった。

ここで紹介する〈ブルーライン〉は１９６２年にグレーテ・マイヤーによってデザインされ、１９６５年にコレクションが発表されたが、現在は廃番となり、その後継モデルだ。それまでの絵付けを施したクラシカルなものだけでなく、モダンなシリーズを企画した最初のものであった。絵柄はものの表面を美しく装飾し、豊かなものとする。しかし一方でその本質を覆い隠すこともある。写真のモデルは、細く青い1本のラインがシンプルなフォルムを引き締めている。清楚で気品に満ちたそのシリーズは同社のモダンシリーズとして定番となり、その作品以降１９７０年には「ドミノ」、１９７５年には「カペラ」等のモダンな作品が発表された。ブルーラインの後継モデルは、若い人たちに人気のシリーズとなっている。

※２０２５年現在、フィンランドのフィスカースグループ傘下

1962年 | Cestita Alubat

ブランド：Santa & Cole（サンタ & コール）
デザイナー：Miguel Mira（ミゲル・ミラ）
素　材：アルミニウム、ポリエチレン
サイズ：H36㎝（ハンドルを上げた時）／H29㎝（ハンドルを下げた時）、シェードΦ21.5㎝

辞書によると、【火】とは、「物が燃えて熱と光を出す現象。ほのお。すみび。火事。」と記されている。この火には物理的な意味と抽象的・精神的な意味がある。

火が照明器具として使われた歴史は古いが、電気というエネルギーを手にして明かりに利用したのは、電球の発明からである。その原点となったのは、1802年イギリスのハンフリー・デービーがボルタ電池を使い、口金線に電流を流し加熱・発光させ光を得たものだ。その後、同国のデ・ラ・ルーエがガラス管に白金コイルを入れ発光させたものが白熱球の原点と考えられる。1841年には同国のフレデリック・デ・モーリンズが球形のガラスグローブ（中空）に白金コイルを封入したランプで特許を得た。また、1865年には同国でハーマン・スプレンゲルが水銀真空ポンプを利用し、電球内の真空化に成功。これによりフィラメントの燃焼による酸化を防ぐ効果を生み、白熱球の寿命を延ばすことにつながった。この真空電球はほんの十数年前まで使ってきた白熱球に応用された技術でもあった。

一般的によく知られているのが発明王、トーマス・エジソンによる電球の発明であるが、エジソンが電球の研究を始めたのは1877年頃からである。彼の開発した電球には京都府の八幡産の真竹がフィラメントとして使われていたことは日本人の多くが知っている。その電球は1879年10月19日（資料により21日の表記あり）に発光させることに成功した。その翌年、エジソン電灯会社を設立。量産・事業化が始まったのである。

明かりを歴史的に見ると、第1世代がろうそく、第2世代が白熱球、第3世代が蛍光灯、そして第4世代がLEDといえるだろう。LEDは発光ダイオード（半導体）を使ったもので、そのルーツとなったのが1906年イギリスのヘンリー・ジョセフ・ラウンドが炭化ケイ素に電気を流し、発光することを発見したことに始まる。こうしてさまざまな発見・発明の歴史を見ると、イギリスが産業革命以降、いかに化学や科学の分野に注力していたかに驚かされる。

LEDの発光ダイオードはプラスの性質のP型とマイナスの性質のN型を合わせることで、それぞれの粒子がぶつかり光を発生させるもので、これまでの白熱球と異なり、極めて効率的に光を発生させ、少ない消費電力で高い光度が得られるものだ。1960〜70年代にかけて、赤・黄・黄緑・澄色が開発され、89年には日本の赤﨑勇、天野　浩の両氏によって青色が開発。93年には中村修二氏により、その量産化に成功。95年以降には白色も開発され、フルカラーが実現した。

ここで紹介するスペインのミゲル・ミラによるLEDを使用した〈セスティタ（バスケット）アルバ〉は、日本の行灯を連想させる持ち運びが自由な照明器具である。充電式のため、場所を選ばず自由度の高い作品だ。

ミゲル・ミラは1950年代から活躍を始めたスペインを代表する作家である。また、製造元のサンタ＆コール社はプロダクトデザインのみならず、出版物も手がけるユニークな企業として世界から注目されている。

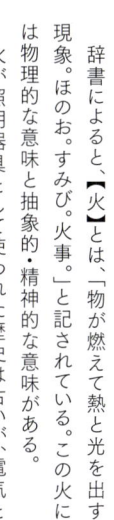

1962年 | Nesso

ブランド：Artemide（アルテミデ）
デザイナー：Giancarlo Mattioli（ジャンカルロ・モッティオリ）、Gruppo Architetti Urbanisti Città Nuova
素　　材：ポリカーボネート
サイズ：W54㎝×D54㎝×H34㎝、ベース21.2㎝
カラー：オレンジ、ホワイト

私たち人類のものづくりの歴史は、文明の発生から見ても、たかだか数千年である。その歴史の中で、18世紀のイギリスに起こった産業革命は、ものづくりの世界を激変させた。以来、人類は「より快適で便利な生活を」との目標(欲望)のもとに、止まるところを知らない大量生産、大量消費、大量廃棄を行ってきた。そうした中から生まれたさまざまなものは、科学技術の発達に伴い、新しい技術や新素材を生み出し、人々の暮らしや生活様式を変化させてきた。

プロダクトデザインの歴史を見ると、近代デザイン史に残るような、名作と言われる作品が数多く集中して生まれた時期がある。それは第二次世界大戦が終了してしばらくした頃、１９５０年代から70年代にかけての時代である。戦後の混乱も一段落し、社会が落ち着きを取りもどすとともに、さまざまな産業が活発化し、人々の暮らしも少しずつ豊かになってくると、快適で便利な製品への要求度も高まってくるものだろう。そうした社会のニーズと科学技術、それにデザイナーの感性がうまく一致した時に名作が誕生するのであろう。

名作と呼ばれるさまざまなプロダクトデザインが生まれた後にも、似たような機能のものは数限りなく生まれては消えていく。そうした繰り返しの後、かつての名作が復刻生産されることがある。こうした現象は、家具デザインの世界にもよく見られるものだ。これは、それまでに生まれたさまざまなプロダクトデザインに何らかの原因があり、生産が中止されたことによる。ものには素材、構造、機能、デザインという４つの寿命がある。この４つのうちのどれか１つが欠けてもものの生命は失われる。４つ目のデザインの寿命は、デザインの力と言ってもいいだろう。デザインの力を有したものはユーザーに飽きられることはなく、長く使い続けられるものとなるだろう。あるいは一時の流行に流されない不変的な力を持っているとも言えよう。このような力を持ったデザイン作品が、最近のプロダクトデザインには少ないように思われる。そのためか、過去の名作がたびたび復刻される。

〈ネッソ〉という名のこの照明は、１９６２年に発表され２０００年に復刻したものだ。60年代は石油系のプラスチック素材が実用化された時代で、それまで不可能と考えられていた構造やフォルムが現実のものとなった頃である。当時、「マッシュルーム」の愛称で呼ばれたものだ。発表から30年、40年を経て復刻される作品を見るたびに、過去の作品を超えられない現代デザインのひ弱さを痛感させられる。

環境や資源、エネルギーのことを考えると、安易なものづくりを止め、年月に耐えられるだけの素材、構造、機能、デザインの寿命を持った作品を生み出さなければならない。それには、じっくりと時間をかけ、ありとあらゆる面から検討を加えてのものづくりが必要であろう。

1964年 | radio.cubo

ブ ラ ン ド ： BRIONVEGA（ブリオンヴェガ）
デザイナー ： Marco Zanuso & Richard Sapper（マルコ・ザヌーゾ & リヒャルト・ザッパー）
素　　材 ： ザマック（亜鉛合金）、ABS樹脂
サ イ ズ ： W21.99㎝ × D12.99㎝ × H12.99㎝

デザインの仕事はアートと違い、制作の過程において、さまざまな人たちが関わるチームプレイである。しかし、デザインそのものを発想する段階においては、デザイナー自身の感性がフルに発揮されるものであり、デザイナー一人に委ねられるのが基本である。こうしたことはインハウス(企業内)デザイナーの場合にもあてはまるのではないだろうか。また、一つの作品が決定されるまでに、コンペティション形式で選ばれる場合でも、それぞれの作品のデザインの発想段階においては、同様にデザイナーは一人でその仕事をこなすことが多いのではないだろうか。多くのプロダクトデザインの作品にデザイナー名が記されているのを見ても、そのほとんどが一人のデザイナー名になっている。これは著名なデザイナーであればあるほど、その傾向は強い。デザイナー名が記されていない場合はインハウス・デザイナーであるか、あるいはデザインチームであることが多い。

　こうした一人のデザイナーの発想によらず、二人以上でデザインを行う場合がときどき見られる。そうした例としてチャールズ・イームズとエーロ・サーリネン、ルド・チューエセンとジョニー・ソーレンセンなどがあった。こうしたペアとは別に、アルヴァ&アイノ・アアルトやトビア&アフラ・スカルパなど夫婦の例のほか、アッキーレ&ピエル・ジャコモ・カスティリオーニのように兄弟の例もある。夫婦や兄弟の場合は、仕事以外の部分においても生活を共有する家族であり、その相互理解は赤の他人同士のペアとは比較にならないだろう。

　ここで紹介する作品は、イタリア人のマルコ・ザヌーゾとドイツ人のリヒャルト・ザッパーによるものだ。二人ともそれぞれ、単独での作家活動においても世界的に高い評価を得ているデザイナーである。ともに個性の強いデザイナーが組むとお互いに譲れない部分もあり、なかなかうまくいかないのが常である。先に紹介したようなペアも長期間その関係が続いた組は少ない。それぞれの担当するパートを決めてやるのか、外観と構造に別れて担当するのか、いろいろと悩ましいことではある。

　写真のブリオンヴェガ社のラジオのオリジナルデザインは１９６４年だが、古さをまったく感じさせない美しいデザインだ。前面を向かい合わせに折り畳むと一つの箱形になる。ｔｓ５０５というバージョン(１９７７)もあったが、それはフロントのデザインが少し違っていた。40年を超えるデザイン寿命を持つオーディオ製品が、はたして日本に存在するだろうか。

美しく丁寧に――。
織田憲嗣氏の暮らしの流儀

椅子の研究家として世界的に知られる織田憲嗣氏。氏が関西から北海道へ移住し、20年以上を過ごした住まいは広大な森の中に立っています。山林を切り拓いた傾斜地を利用し、白樺林に抱かれるように佇む織田邸には、氏が半世紀をかけて築き上げたインテリアの哲学がそのまま溶け込んでいます。

寒冷地に適し、意匠性にも優れたコンクリートブロックを採用した織田邸。大開口と吹き抜けを設けた開放的な空間は、四季に移ろう森の彩りや自然光までもがインテリアの一部のように感じさせます。

天地いっぱいに延びる木製サッシ越しに望む白樺、針葉樹の森、その一部を拓いて設えた庭。窓越しにさまざまな野鳥や生き物が行き交う1階のリビングが氏のお気に入りの場所。壁一面に書籍、資料が整然と並ぶ書斎は応接間も兼ね、お気に入りの椅子や日用品、照明が絶妙なバランスでレイアウトされています。

家を建てる場合、敷地条件から建物の空間構成を考え、最後にインテリアを考えるのが一般的ですが、織田氏は膨大なコレクションの中から家具を選び、最初に空間プランを練りました。また機能性にも熟慮を重ね、１００枚以上の図面を描いたといいます。

そんな織田氏の美意識が隅々にまで行き渡る室内は、デザインミュージアムさながら。北の自然とさまざまな国のモダンデザインやプリミティブデザインが溶けあうくつろぎ空間です。多くのものが心地よく共存する空間を実現するため、定めた中心軸に左右対称を心がけているそう。時代も出所もまったく異なるものたちが共存し、心地よいハーモニーを奏でる空間は、主の揺るぎない審美眼を無言で語るようです。

優れたデザイン文化を将来に伝え、日本の生活文化向上のためにデザインミュージアムをつくることが、氏のかねてからの夢。その取り組みが東川町で行われており、氏のコレクションは今後すべて東川町に寄贈され、デザインミュージアムの完成を待つこととなります。織田氏の美意識と価値観が詰まったデザインミュージアムが実現した暁には、より多くの人に「美しく丁寧に暮らす」喜びが伝わることでしょう。

撮影／古瀬 桂

“私の父はヨーロッパ家具をこよなく愛する人でした。
そのおかげで触れたアルヴァ・アアルトやジョージ・ナカシマの
椅子の美しさはいまだに忘れられません。
優れた感性を養うには日常で本物に多く触れることが大切です。”

“ 長い歳月に洗われても鮮度を保ち続ける豊かなデザイン性と美が ”
コレクションの一つひとつに宿っています。
時代にマッチするよう小さな手直しをし続けながら、
日用の美が時とともに蓄積していく。
そうしたものづくりの姿勢、リデザインの概念が
日本に根付いてほしいと思います。

“ 作家の有名無名は重要ではありません。 ”
私は自身が美しいと思うもの、
そして後世に残すべきと思うものを集めてきました。
自分なりの基準を持ち、魅力を見つけ、
「好き」を追い求めることに価値が生まれます。

“新築の際にもう少し頑張って良いものを買うこと。”
建築費の1割を、家具の購入予算として確保するのが理想です。
本当に良いものは代々受け継がれていきます。
そう考えると、決して高い買い物ではないと思いませんか。

“ 今の日本は、生活文化のファスト化が進んでいます。
そこからは心豊かな空間、暮らしは育まれないでしょう。
かつて日本人がもっていた
上質な家具や日用品を大切に修理しながら長く使い続け、
使い切るという素晴らしい価値観を、私たちは大切にしていくべきです。 ”

1965年｜リキスツール

ブランド：METROCS（メトロクス）
デザイナー：渡辺 力
素　　材：段ボール
サイズ：Low／W33㎝×D33㎝×H33㎝、High／W33㎝×D33㎝×H42㎝

昨今、ＩＴ化が進み、ありとあらゆる分野で紙という素材を使わないペーパーレス化が進行している。それは職場のみならず、新聞や出版界においても例外ではない。便利さや環境に負荷をかけないという点から、紙という人類が生み出した大切な素材が身の周りから徐々に姿を消していくのかもしれない。

紙が誕生したのは古代エジプト時代に考案されたカヤツリ草の一種、パピルスの茎を加工し、薄い平面状に成形したことに始まる。これが文字の筆記媒体としての紙であり、パピルスが紙を表す英語のペーパー、仏語のパピエールとなった語源だ。

その後、植物の繊維を抽出し、熱や薬品を加え、それらの繊維をからみ合わせることで丈夫な紙が生まれた。現代では紙は欠くことのできない必需品であるが、その原料となる樹木の伐採や廃棄される紙の回収など、環境への問題意識をより高めることが求められている。資源ゴミとしての古紙の回収率を高めているのが段ボール業界である。この業界では古紙回収業、製紙業、段ボール製造業が三位一体となってリサイクルに取り組んでおり、段ボールの古紙利用率は90％以上と言われている。

段ボールは１８５６年、イギリスでシルクハットの内側に使われ、その後包装材としてアメリカで大いに需要を伸ばした。日本では１９０９年、井上貞治郎によってボール紙に段を付けた包装材が開発され、段ボールというネーミングが生まれた。日本での段ボールの普及を後押ししたのが戦後復興から高度経済成長へと変化する１９５０年代からである。それまでの物品の輸送に使われていた木箱に代わり段ボール箱が採用されたのだ。段ボール箱は木箱に比べ、重さは３分の１以下、体積は畳むと20分の１になる。しかも木箱に必要な釘や金槌は不要で、その開閉も容易であった。また段ボール箱には印刷が可能なことから、その内容物を表示したり、広告宣伝媒体としてのパッケージデザインは企業のＰＲにも役立った。さらに、内容物に応じた形や大きさ、構造、量産など、さまざまなメリットがあり、クライアントからの要望に迅速に対応できたのである。

渡辺　力氏の考案した〈リキスツール〉は１９６５年のデザインである。このスツールが発表された頃はまさに日本経済が右肩上がりの成長を遂げていた時期だ。デザインとはその時代を最も反映し、その時代の科学技術とともに誕生するものだ。当時、このスツール４個で象の体重を支えられたことで段ボールに対する認識が大きく変わった。単に段ボールの紙の強度というだけでなく、その構造が機能性をも高めることになった。紙という素材は薄く、軽く、破れやすく、弱いという印象があるが、そんな紙の常識を打ち砕いたのがリキスツールである。

1968年｜Cubicus

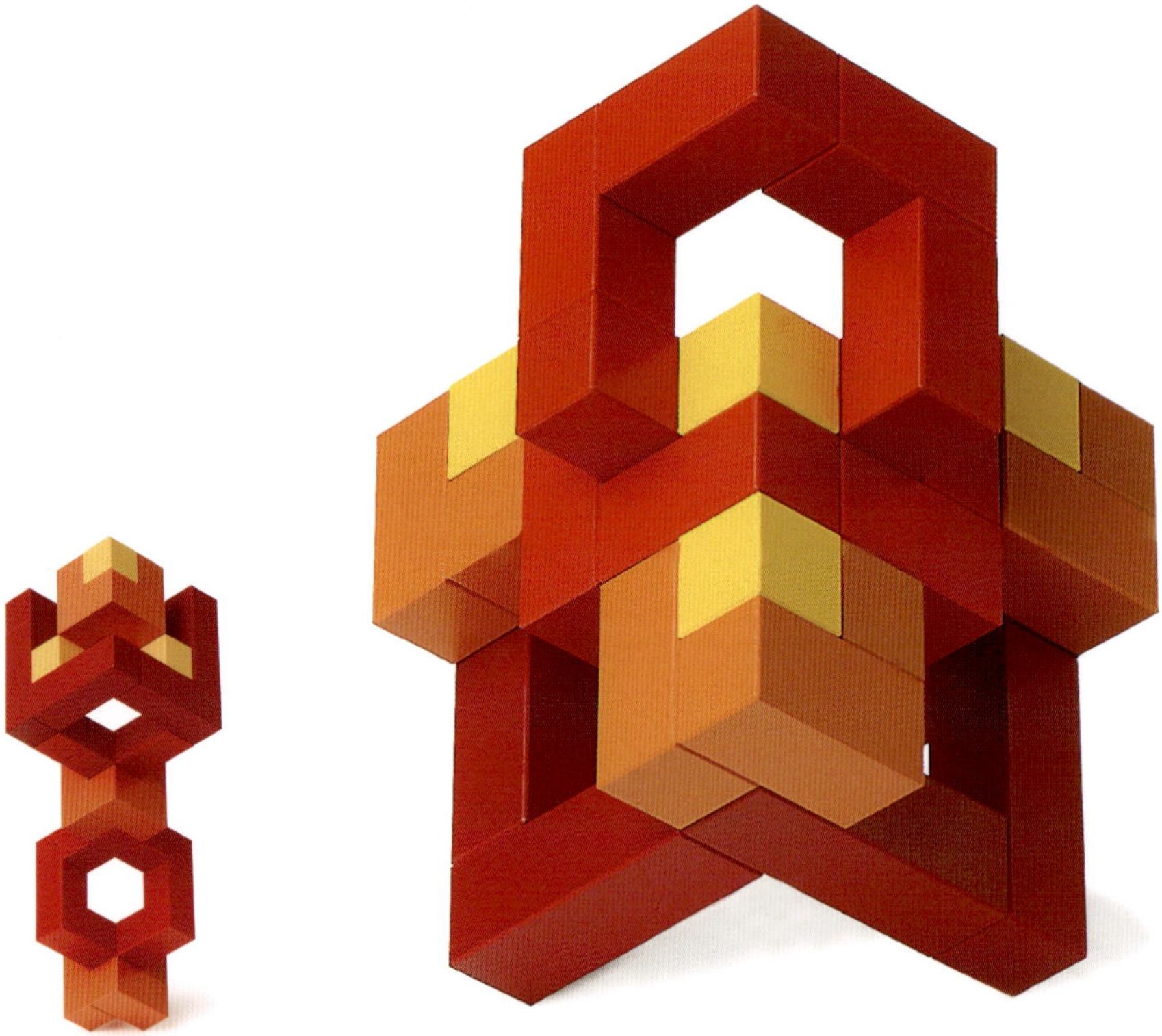

ブランド：Naef Spiele AG（ネフ社）
デザイナー：Peer Clahsen（ペア・クラーセン）
素　材：メープル
サイズ：W10㎝×D10㎝×H10㎝
カラー：赤、青、モノクロ、白木

©Naef Spiele AG,Switzerland

終戦から1年も経たない頃に生まれた私の身の周りに、玩具といえるものは何ひとつなかった。日本中が生きていくことに必死であった中で、少し先行きの明るさが感じられたのは昭和20年代も終わり頃であった。私の田舎でも、やっと子どものための玩具、こまやたこ、ゴムのパチンコなどが雑貨店で売られ始めたように記憶している。しかし、そうした玩具は正月のお年玉でしか買えず、玩具や遊び道具は自らナイフやのこぎりを使い、自作することが当たり前であった。ナイフ1本があれば身近な場所で材料を手に入れ、弓矢、突き鉄砲、水鉄砲、輪ゴム銃、竹馬などさまざまな遊び道具を製作したのだ。さらに山に入れば鳥やイタチを捕獲するワナをつくったり、川では魚を獲るための釣り竿をはじめ、さまざまな漁具までも子どもの手で製作したのである。その際の製作指導はガキ大将であるグループのリーダーであった。時には刃物でけがをすることもあったが、そんなときには山菜として知られているヨモギの葉を使った止血方法も、子どもながらに心得ていたのである。

当時の子ども社会は同じ年齢だけでなく、4~5歳の幅をもったグループで構成されており、横だけでなく、縦の人間関係も築かれていた。戦後の何もない不便な中で、子どもなりに考えることが求められ、知恵と工夫によって生み出された玩具や遊びの道具は、年長の子どもから幼い子どもにもしっかりと受け継がれていたものだ。不便が生み出した豊かな暮らしが確かに存在したのである。

翻って、現代の子どもの生活を概観すると、マニュアル化された中でのゲームを中心とした遊び方で、それらはゲームクリエイターによって創作されたものであり、そうしたゲームソフトを購入してはじめて成立するもので、換言すれば与えられた遊びともいえる。そんな現代の遊び方と一線を画すのが、ネフ社の玩具である。

ネフ社は１９５８年、クルト・ネフによってスイスで創設された知育玩具の会社である。ネフ社はそれまでの玩具の概念を覆すような、グラフィカルな抽象形態と美しい色彩、そして、アイデアあふれる創造的な遊び方を提案している。その顧客層は広く、なんと生後3ヵ月の乳児から１００歳までの高齢者を対象としている。これまで玩具と言えば子ども用という概念が強かったが、ネフ社の製品は、幼児に対しては脳の発育を促し、高齢の人たちに対しては、脳の機能回復を促し、認知症予防にも役立つことが考えられる。これまでにない玩具の可能性を示すものとして世界的にも注目されているものだ。

また、同社ではバウハウス(ドイツに誕生した総合芸術学校)で生まれた作品も復刻生産をするという文化活動も行っている。

1968年｜Hat Style Carafe 2121

ブランド：SKRUF（スクルーフ）
デザイナー：Ingegerd Råman（インゲヤード・ローマン）
素　　材：ガラス
サ イ ズ：カラフェ／H24㎝、Φ8.5㎝、グラス／H8.8㎝、Φ7㎝
容　　量：750cc

「デザイン」という言葉はもはや日常化、日本語化している。しかし、その意味を答えられる人は少ないのではないだろうか。辞書でその意味をひもとくと「下絵。素描。図案。設計。意匠計画。生活に必要な製品を製作するにあたり、その材質・機能・技術および美的造形性などの諸要素と、生産・消費面からの各種の要求を検討・調整する総合的造形計画。」とある。デザインの役割を考えてみると、「生活に直に関与し、美的な安らぎと機能的な満足を与えるもの」ということができる。このようにデザインという言葉は極めて広範囲な意味を含むが、日本でデザインといえば、色や形に関わる視覚的な面から捉えられることが多いようだ。

かつて名古屋デザイン博覧会が開催されたが、そこでは日本のデザインに対する考え方、捉え方が表れており興味深いものであった。その名残りは現在も市内のメインストリートに公共デザインとして残っている。当時はポストモダニズムがもてはやされていたこともあり、流行に弱い日本人は流行的要素から成るデザインを数多く設置したのである。トレンディなものは、その流行が過ぎ去ってしまうと何ともみすぼらしく見えるものだ。すぐに撤去できる仮設のものならともかく、長期間設置され、多くの人の目に触れる公共デザインに流行という要素を求めた当時の自治体担当者や、それをデザインした人たちは、現在も違和感のあるそれらをどのように見ているのだろうか。どうも日本では「デザインすること」と言えば、何か要素を加えることが多いようだ。こうした考え方とは逆に、不要な要素を取り去り、最後に必要な構成要素だけでデザインをする、言わばマイナスのデザイン発想が「ミニマルデザイン」である。最近の日本でもようやくこうした考え方のデザイナーが増えてきた。このミニマルデザインを定義付けるとするならば、「最少の要素で最大の効果を狙うデザイン」と言えるもので、ドイツや北欧では早くから評価され、実現化されてきた。

写真のカラフェ（水差し）のデザイナー、インゲヤード・ローマンはスウェーデンを代表するミニマリストである。彼女の生み出すデザインに共通するキーワードは、シンプル、タイムレス、オースティア（厳格さ）、ディスティンクト（明確さ）、シンプリシティ（質素）である。これらの要素どおり、彼女の自宅やその生き方までもがこのコンセプトに貫かれている。彼女のミニマリストとしての特徴が最もよく表れたのが、このカラフェを含めたスクルーフ社からの一連のガラス製品だ。透明さゆえに、そのフォルムの純粋さが際立つデザインである。

1968年 | Sacco

ブ ラ ン ド：zanotta（ザノッタ）
デザイナー：Piero Gatti＆Cesare Paolini＆Franco Teodoro（ピエロ・ガッティ&チェーザレ・パオリーニ&フランコ・テオドーロ）
素　　材：張地／各種、中材／スチロールペレット
サ イ ズ：Sacco Small／W54㎝×D54㎝×H59㎝、Sacco Medium／W68㎝×D68㎝×H63㎝、Sacco／W80㎝×D80㎝×H68㎝

人類は、その歴史が始まって以来、さまざまな物質、例えば木や草などの植物や、動物の牙や骨・皮革など身近で、かつその加工が容易なものを生活道具として利用してきた。そして紀元前４千年頃の古代オリエントに、鉱物から金属を取り出し、加工されることになった。これが青銅器時代の始まりである。それから2千数百年を経て、より硬い鉄器が出現、人類が自然界から入手できる材料のかなりの部分はこの頃からの歴史を有している。

そうした材料の歴史の中で唯一遅れて開発されたのが、石油系の人工化学物質であろう。現代社会において、いまや石油系の材料から生まれた製品のない生活など考えられないほどその存在は大きく、無視できないものである。その歴史を概観してみると、１８３４年、ドイツのリービヒがメラミンの合成に成功。翌年にはフランスのルノールによって、塩化ビニルが発見され、１８７２年にはドイツのバイエルがフェノールとホルマリンから樹脂を合成。１９２７年にはアメリカでポリ塩化ビニルの工業化に成功。１９３１年にはアメリカのカロザースがポリアミド樹脂を開発。１９３７年、ドイツのバイエルがポリウレタンを開発。１９３９年にはイギリスでポリエチレンの工業化が始まり、１９４０年にはポリエステルが開発されている。このように、19世紀なかばに登場した新素材は、家具の分野においても、それまでにない変革をもたらした。その初期の動きとしては、椅子座面の３次元曲面化であった。エーロ・サーリネンやチャールズ・イームズらによって、長年の夢であった座面のシェル構造がＦＲＰ（ポリエステル樹脂の一種で、ファイバーグラス・レインフォースド・プラスチックの略）で実現されたのである。これにより、それまで不可能と思われていたフォルムが次々と現実のものとなったのである。その最も顕著な動きを見せたのがイタリアであった。

〈サッコ〉は、イタリア語の「袋」を意味するものだ。この作品は立体裁断された袋の中に、発泡ポリスチレンの小さな玉が入っており、そこに掛ける人の形に合わせてハイバックチェアになったり、シェーズロング（寝椅子）に変化する。掛ける人の姿勢を選ばないという、それまでの椅子に対する概念を根底から覆す作品であった。当初はこの袋の中に液体を入れることを考えていたようだが、その重量を考えた結果、ポリスチレンの玉に変更された。また、初期のモデルでは袋の中に直接ポリスチレンの玉が入れられていたが、後に中袋に入れられ、二重構造となり強度が向上した。ラージクッションの元祖とも言うべき椅子だ。

1969年 ｜ Uten.Silo

ブランド：Vitra（ヴィトラ）
デザイナー：Ingo Maurer（インゴ・マウラー）＆Dorothee Becker（ドロシー・ベッカー）
素　　材：ABSプラスチック
サ イ ズ：W67㎝×H87㎝

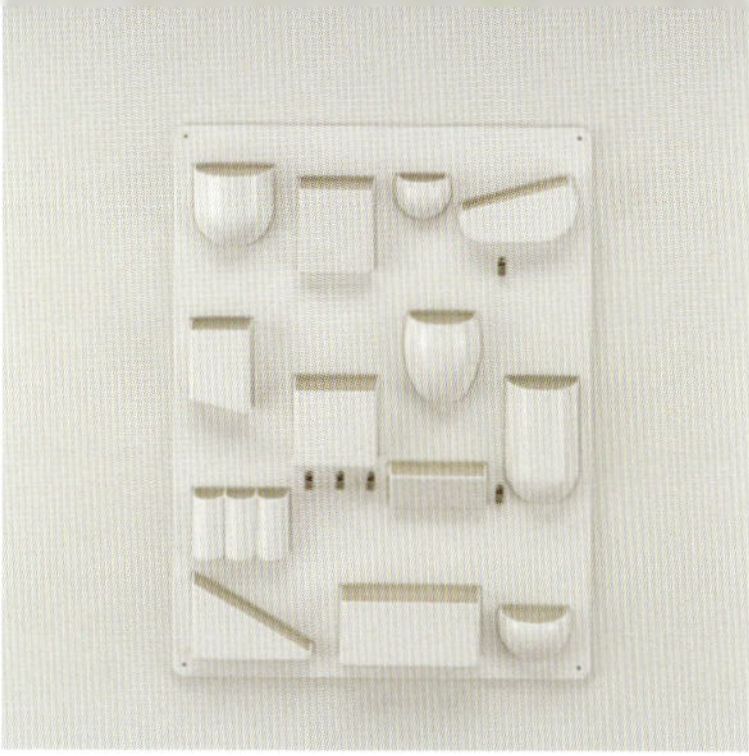

私たち日本人は、恐らく世界で最も家財道具を大量に所有する民族であろう。ものと住まいの関係から、衣・食・住について考えてみる。

衣類は日常に着用する仕事着の他にオフタイム用のもの、さらに民族衣装である和服、これは一枚数万円から数百万円のものがある。衣装持ちの人なら、たんす一棹分くらいは所有している。それらは正絹に金糸や銀糸が使われていたり、手の込んだ刺しゅう物も多く、世界で最も高価な民族衣装ではないだろうか。

食についても同様であろう。世界の多くの国々では、自国の伝統的な食文化を守り、そのための調理器具や食器を必要なだけ所有・使用している。しかし、日本においては和食はもちろん西欧、中国、韓国等々の調理器具や食器をそろえている家庭が多い。

こうした物質的に豊かな前二者に対して、その住まいは反比例するほどに貧しさを感じる。かつて「うさぎ小屋」と揶揄されたように、欧米の住宅と比較すると、その居住面積は狭い。それは都市部において著しく、しかも、その住宅の寿命は短いため、減価償却が終わる頃には建て替えを余儀なくされることも多い。こうした狭い住宅にものがあふれる状況から生まれた造語が「断捨離」である。

ものが増える、そしてそれらの整理ができない。部屋の中をものが占拠・占有してしまい、もののために部屋代を払っているかのようである。そうしたものの多くが、安いという理由で短絡的に購入され、あまり使われることもなく、部屋の片隅に放置され、あるいはしまわれ、死蔵されていく。その結果、居住スペースはさらに狭くなる。

そんな人たちの救世主として最近もてはやされているのが、収納のカリスマと呼ばれる女性たちだ。彼女たちは呪文のように「一定期間使わないものは捨てなさい」と御託宣を下す。価格訴求のものがあふれる現在、捨てることで問題が解決するのだろうか。低価格商品は暮らしのすべての分野にわたり、大量生産、大量消費、大量廃棄を招いている。低価格商品の裏に潜む問題に目を向けず、一方で環境先進国を云々する矛盾に満ちたこの国の現実だ。要は不要なもの、安価なだけのものを容易に家の中に持ち込まないことであろう。

〈ウーテンシロ〉はドイツの奇才、インゴ・マウラーとドロシー・ベッカーによる、プラスチック製プロダクツの名品だ。1970年、イタリアのインテリア雑誌『アビターレ』5月号の表紙を飾り、世界的な話題を呼んだ。さまざまな形状のポケットが付いたパネルは、「乱雑なようで整然とした不思議なデザイン」と言われたように、ポケットに収められる多様な小物を、ひとつの統一感で整理してくれる、断捨離人のために生まれたかのような逸品だ。

1969年｜Vivianna Watch

ブ ラ ン ド：GEORG JENSEN（ジョージ ジェンセン）
デ ザ イ ナ ー：Vivianna Torun Bülow=Hübe（ヴィヴィアンナ・トールン・ビューロ＝ヒューベ）
素　　　材：ステンレススチール
サイズ（円周）：XS／14㎝、S／14.5㎝、M／15㎝

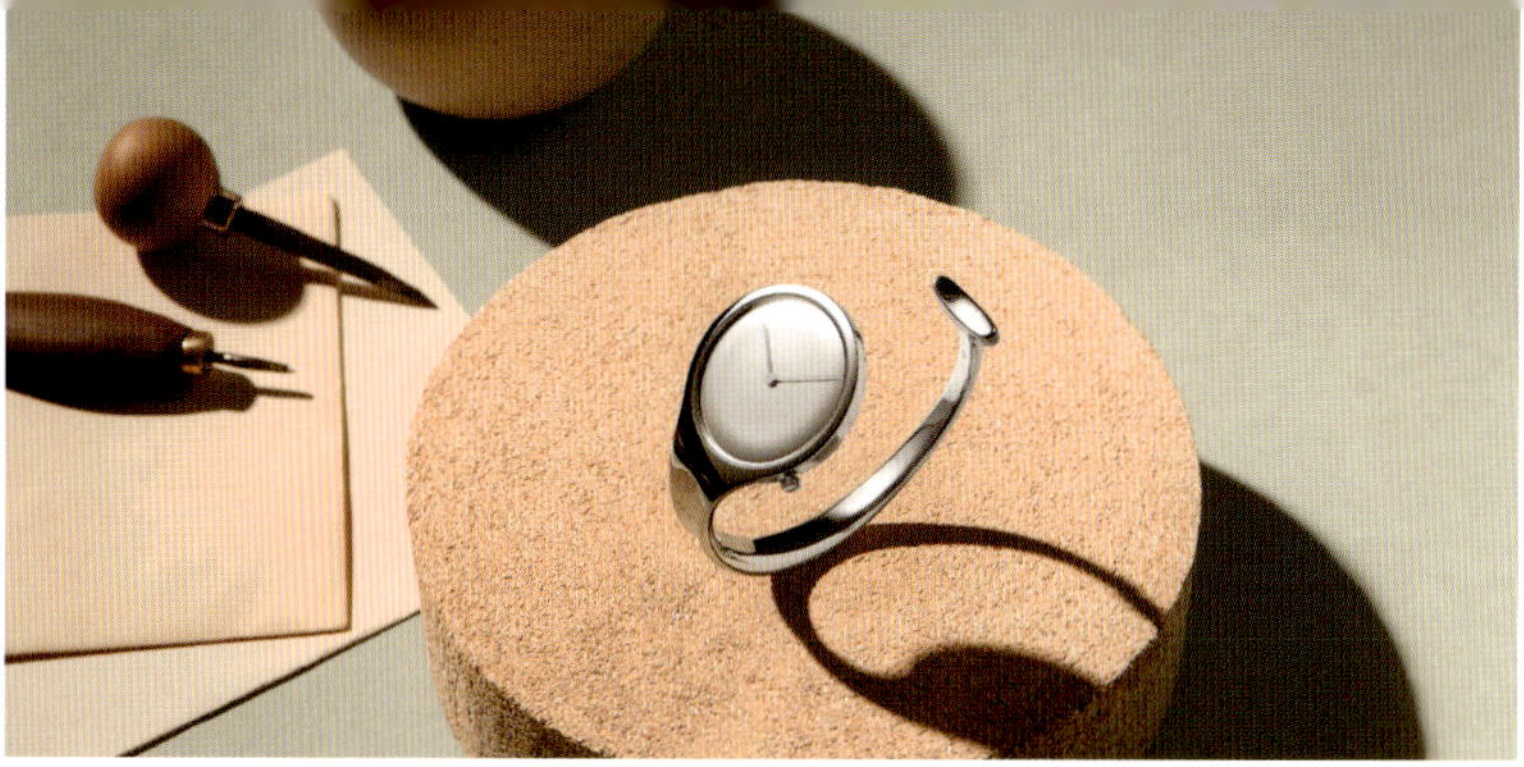

私が教育の現場に身を置いていた時期、女子学生の前向きな姿勢には目を瞠るものがあった。そうした学生たちが卒業後に、社会において、在学中のように男性をしのぐほどの活躍を果たしているかというと、残念ながら日本ではまだまだ男性優遇の社会と言わざるを得ない。

一方、北欧では女性の社会進出は早くから見られた。北欧諸国は、他のヨーロッパ諸国に比べ、気候の厳しさや資源の乏しさから、決して豊かとは言えなかった。そのため自ずと人的資源に目を向け、教育や人材育成に力を注いだのである。こうした政策は女性の社会進出を促し、さらに相互扶助の考え方から、世界に冠たる高福祉国家を生み出した。こうした背景から生まれ育まれたのが「平等主義」である。

北欧の在日大使館が発行※している雑誌がある。デンマークのLOVING《ラビング》、スウェーデンのCARING《ケアリング》、ノルウェーのEQUAL《イコール》、それにフィンランドのSISU《シス》の4誌である。これらの雑誌の編集には各大使館のスタッフも加わっている。これらの雑誌には、各国の政治や経済の他に、福祉、文化、観光などあらゆる分野のことが詳しく紹介されており、なかなか読みごたえのあるものだ。そして特筆すべきは、それぞれの雑誌に共通して、女性の活躍が大きく取りあげられている点である。こうした雑誌にも平等主義がうかがわれ、その精神はあらゆる分野に浸透していることが実感させられるものだ。

この平等主義は政治の世界でも例外ではなく、政府閣僚の2分の1が女性ということも珍しくはない。また、ノルウェーでは「クォーター制度」と呼ばれるものがあり、公的委員会や企業の役員は4分の1以上が女性でなければならないというものだ。このように国家や社会が女性の社会進出をバックアップしてきた結果、北欧では他に類を見ないほど、世界的な女性クリエイターを多く輩出している。

女性デザイナー、ヴィヴィアンナ・トールン・ビューロ=ヒューベも北欧を代表する人物だ。彼女はスウェーデン生まれであるが、その代表作はデンマークのジョージジェンセン社で商品化されている。

このリストウォッチは彼女の代表作である。無駄な要素を一切排除し、それでいてエレガントなミニマルデザインの秀作である。このシリーズにはいくつかのバリエーションモデルがあるが、最もオーソドックスなステンレスのシンプルなものが美しい。50年以上を経過した今でも、まったく色あせないデザイン寿命を備えた北欧を代表する逸品である。

※原文執筆(2009年)時の情報です。現在は発行中止のものがあります。

1970年 | Boby Wagon

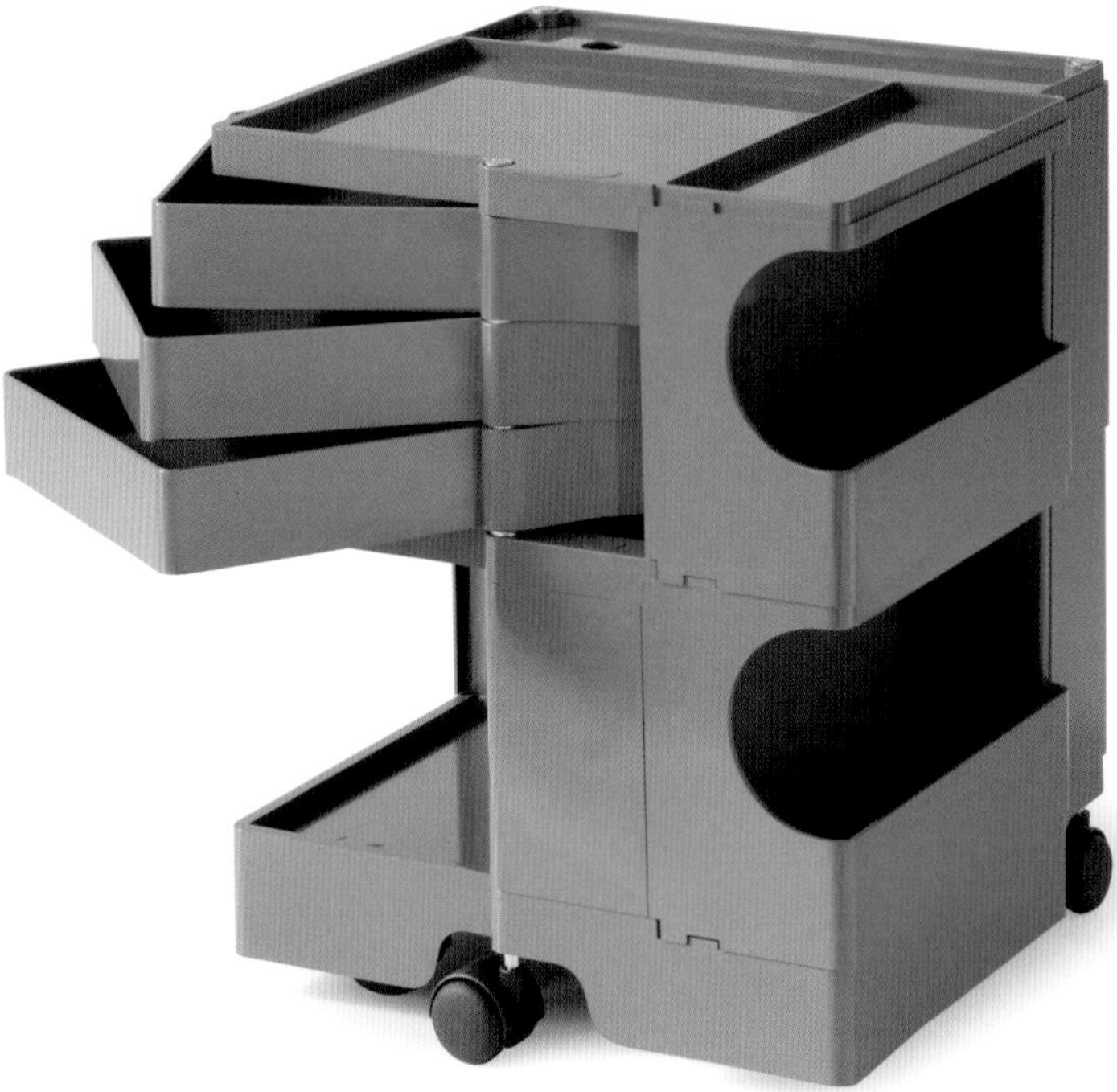

ブランド：B-LINE（ビーライン）
デザイナー：Joe Colombo（ジョエ・コロンボ）
素　　材：本体／ABS樹脂、キャスター／ポリプロピレン
サイズ（2段タイプ）：全体／W43㎝×D42㎝×H52.5c㎝、トレイ内寸／W25.5㎝×D29.7㎝、トレイ深さ／小トレイ4㎝・大トレイ7㎝
カ　ラ　ー：ホワイト、ブラック、レッド、トルネードグレー、ハニー、クミン

仕事柄、ときどき書店のインテリア雑誌コーナーに行くことがあるが、その種類と数には驚かされる。それぞれの雑誌ごとに特集が組まれているが、中でも多いのが収納や整理に関するもの、さらに「断捨離」など使われなくなった不用品の処分を勧める、かつてなかった新語まで生まれている。

日本人は世界で最もものを多く所有する民族である。食器類を例に見ると、和・洋・中華料理の食器が一般家庭に存在する。そのため家庭内にものがあふれ、整理・整頓ができず混乱を来たしている。

未来を考えたとき、あらゆるメーカーは安易な新作主義に陥ることなく、開発に時間をかけ、本当に良い製品・ロングライフなものを生産すべきであろう。また、販売する側も大量発注・大量仕入れでコストダウンを図る考え方を見直す必要があるのではないだろうか。購入する側も、自分にとって本当に必要なものなのか、この先長く使い続けられるのかが問われる時代だ。そうした考え方が循環型社会につながるのだ。かつてのような右肩上がりの経済成長は地球温暖化や環境汚染を生み出す。

一方、最近ものを買わない、持たないという身軽な暮らし方を志向するミニマリストと呼ばれる人たちも少しずつ増えている。いずれにしてもあふれるものに起因しているように思われる。かく言う私も研究資料など数万点とともに暮らしている。しかし私の家には衣・食・住においてファスト製品は一切ない。ものは多いが混乱を来たさないものの在り方のルールを決めている。

ルールその1。美しくデザインされたものは、その作品がより美しく映えるようステージを設ける。キャビネットの上には1点か2点までしか置かないこと。ルールその2。ものは次に使われるときのために常に整え、スタンバイの状態にしておくこと。例えば膝掛けは使ったらもとのように畳み、その上にクッションを置く。本は背と手前をそろえ、下に大きな本、上に小さな本を重ね、一定期間で読み終えたあと、地下の書庫へ収納。この2つのルールは目に触れる場所に存在する場合だ。ルールその3。美しくデザインされたものでも外に出しておくべきではないもの、例えばテーブルウェアやカトラリー類は引き出しの中にシリーズごとに整理してしまうこと。ルールその4。出しておくと見苦しいものはカテゴリー別に引き出しに隠す。例えば薬類やレシート、ステーショナリー、大工道具などがこれに当たる。概略すれば、見せる、スタンバイの状態におく、しまう、隠すという4つのルールで部屋の中が整えられていることである。これにより混乱は防げるのだ。

写真の〈ボビーワゴン〉は、イタリアのデザイナー、ジョエ・コロンボがデザインしたものだ。このワゴンは2段・3段・4段のユニットで構成されたものがあり、多様なものを収納でき、ほかに類を見ない多機能なワゴンである。キャスターで移動できるため、四面のどこからでも収納できる。1970年に販売されて以来、半世紀以上のロングセラー作品である。これ一台あれば身の周りのものの整理にはかなり役立つ。部屋の乱れは心の乱れの表れでもある。

1971年｜Parentesi

ブランド：FLOS（フロス）
デザイナー：Achille Castiglioni & Pio Manzu（アッキーレ・カスティリオーニ＆ピオ・マンズー）
素　　材：スチール、硬質ゴム
サイズ：H400㎝（最大）、ベースΦ11㎝
カラー：ブラック、ニッケル

デザインの分野にもそれぞれのお国柄があり、その中でイタリアのデザインは機能に優先するアイデアと遊び心がある。確かにそうした点はイタリア製品の中に多く見られる。特に日本ではアバンギャルドなデザインや、流行の先端をいくようなデザインのみが雑誌で取り上げられ、イタリアン・デザインのすべてがそうした先鋭的なものばかりであるかのような印象を受ける。

そうしたデザイナーの代表的(?)な人物として、アッキーレ・カスティリオーニがいる。彼のものづくりの領域は広く、家具をはじめ、照明器具やカトラリーなどさまざまな日用品にまで及ぶ。そのいずれの作品もアイデアと遊び心にあふれている。一見すると、それらは先に述べたようにデザインのみが先行し、機能は後まわしかのような印象を受ける。しかし、彼の作品はそうした印象を見事に覆す機能性と合理性を備えていることに気がつく。そんな彼のデザインに対する考え方を彼自身の言葉から紹介する。「すべての人工的なものは、人間の知性によってつくられたものです。あらゆる表現をじっくり観察すると、フォルムの中に隠れているインテリジェンスが発見できます。長い時間をかけて、生活の中でもう何の疑問も持たれないようになったものは、必ずなんらかの合理性を持っている。物事をよく観察すると、それが分かってくるでしょう」。ここに述べられている「問題意識を持って、観察眼で物事を観る」ことの大切さは、私も大学で学生たちに常々語っていたことでもある。

彼の作品には、そうしたことを裏付けるかのようなものがたくさんある。トラクターのシートや、自転車のサドルを応用したスツール、自動車のヘッドランプをそのまま利用したフロアスタンドなど、いずれも身の周りに存在するものを利用したデザイン作品が数多く見られる。過去に生まれ、生活の中に自然に溶け込んでしまったものの中から、インスピレーションを得て新しいデザインとして発表していくカスティリオーニ。彼の理想とする作品は、「私がやった(デザインした)ということを、誰も気づかないこと」と述べている。巨匠ならではの重みのある言葉である。

ここで紹介するカスティリオーニの照明器具〈パレンテージ(カッコの意味)〉はその名のとおり、照明器具がカッコの形をした金属に硬質ゴムで留められている。下に吊るされた重りでワイヤーにテンションを掛けることで、カッコ型の金具は自由な位置に留められる。市販のランプの美しさに共感を得て生まれたため、この作品にシェードはついていない。高さや角度など、自由に照らすことができる。

1972年 | Birds by Toikka -iittala Birds-

ブランド：iittala（イッタラ）
デザイナー：Oiva Toikka（オイバ・トイッカ）
素　　材：無鉛ガラス
サ イ ズ：各種

私たちの身の周りにはさまざまなものがあふれている。その多くは生活のそれぞれの場面で使われていることを想定して生まれてきたものであり、それは目的と機能をもって存在している。しかし、今日のように社会が豊かになり、個人の生活も潤ってくると、必ずしも使用目的をもたないものも現れてくる。それは「無用の用」とも言えるもので、絵画や彫刻などの芸術作品や、生け花、インテリア・アクセサリーなど、その種類も多様である。そうしたものは、生活をするうえで必ずしもなくてはならないものではない。しかしそれらの作品があることで、ある種の緊張感を生み出したり、室内空間を豊かにすることで生活に潤いを生み出すことは、誰もが認めることであろう。

　そうしたインテリア・アクセサリーの中には、鳥をモチーフとしたものも多い。愛鳥精神から生まれたバード・カーヴィング（鳥の生態をリアルに表現した木彫作品）や、バード・モービル、窓への小鳥の衝突を防ぐために考案されたバード・シール（猛禽類のシルエットをかたどったもの）などがある。このほか朝鮮半島に伝わる、夫婦の仲睦まじさを表した一対の鴨の置物や、アメリカでよく使われたデコイはハンティングの際の鳥の囮としてつくられたものだ。バード・シールやデコイは、鳥をモチーフとしたものの中でもはっきりと使用目的をもったものである。日本では玄関などに巨大な猛禽類の木彫作品を見ることがあるが、何とも威圧的成金趣味で嫌なものだ。

　ここで紹介するのは北欧を代表するフィンランドのブランド、イッタラのガラスの鳥である。〈イッタラ・バード〉と呼ばれ、世界中に多くのファンをもち、この鳥のコレクターもいる。オイバ・トイッカによる一連の鳥は、毎年、数種類の鳥が加わり、ファンを飽きさせることがない。トイッカのみならず北欧のデザイナーに共通するのは、自然に対する畏敬の念とそのまなざしである。北欧の自然は厳しく美しい。そうした自然の中にデザイン・モチーフを求めることは当然の成り行きなのかもしれない。トイッカの鳥たちも、そうした観察眼＝デザイナーズ・アイから生まれたものであろう。ガラスという不確実な素材を自由にあやつる見事な表現力をもつ職人と、類いまれな造形力をもつデザイナーのコラボレーションの中から生まれた鳥たち。それぞれの鳥の特徴を完全に把握したガラスの美術工芸品とも言えるものである。鳥に対する温かなまなざしと愛情が、こうした見事な作品を生み出すのであろう。同素材の卵もデザインされている。

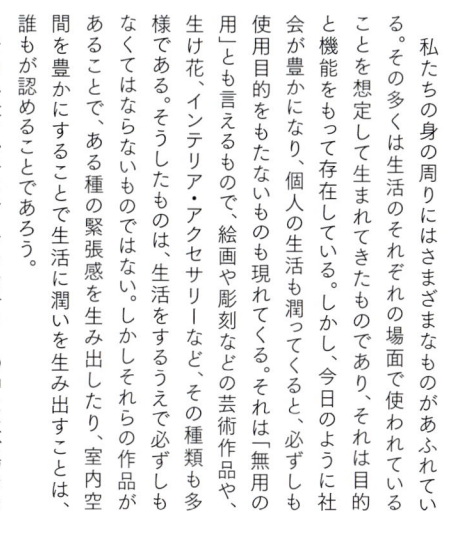

1973-74年｜Sciangai

ブランド：zanotta（ザノッタ）
デザイナー：Jonathan De Pas＆Donato D'urbino＆Paolo Lomazzi
（ジョナタン・デ・パス＆ドナート・ドゥルビーノ＆パオロ・ロマッツィ）
素材・仕上げ：Sciangai／アッシュ（ニス塗装）、Sciangai50／ビーチ（ラッカー塗装）
サイズ：Φ65cm、H145cm（折り畳み時：Φ11cm、H160cm）

言うまでもなく、玄関は住まいの出入り口であり、社会に開かれた象徴的な顔でもある。北海道には風除室なるものがあり、これはこのスペースで雪や風を遮り、直接屋内に冷気が入ることを防ぐ機能をもったものである。そのため北海道では、この風除室が玄関とも言えなくもない。いずれにしても玄関は、家人を送り出したり迎えたりするほか、来客を招き入れるための導入部でもある。そこでは靴の着脱だけでなく、クリスマスや新年のための飾り付けや、来客との挨拶なども行われるオフィシャルな色彩をおびたスペースともいえる。こうした空間は、常に美しく、人を和ませる場であってほしいものだ。

一般に、玄関や玄関ホールには、傘立てや靴ベラをはじめ、下足箱やスリッパ立て、小椅子、観葉植物など、さまざまなものが置かれる。そのため、ややもすると脱ぎ散らかした履物やゴルフバッグやベビーバギー等々、半ば物置き場と化した玄関もある。そうした家は、その奥の居住スペースも同じ在り様ではないだろうか。玄関とは、その家の住人の暮らしぶりや美意識など、人間性を映し出すものであり、それだけに特別な配慮が求められる重要な場所であろう。

欧米の大きな邸宅では、玄関ホールに造り付けの大型クローゼットやワードローブが置かれている。外出の際に必要なコートや帽子、傘、ステッキなどがすべて納められる便利なものである。また、標準的な家庭では簡易な棚板の下にフックが取り付けられ、そこにコート類やバッグなどを掛け、棚には帽子などの小物を載せる場合もある。こうした家具類は外国映画のシーンにもよく登場するものだ。残念ながら、わが国の玄関の広さではそうした家具類を置くことは難しいようだ。しかし、最近のハウスメーカーの住宅や、高額なマンションの玄関まわりでは、さまざまなものを収納できるクローゼットを備えたところも多い。

写真の〈シャンガイ（積み上げた棒を崩さぬよう、１本ずつ取り除くゲーム）〉と名付けられたコートハンガーなら、玄関収納が少ない住宅や、オフィスなどで活躍するだろう。不要な時は直径11センチの丸い棒になり、広げた場合でも直径65センチ×高さ１４５センチの比較的コンパクトなものだ。造形的にも美しく、オブジェ的な要素もあり、華やかな空間をつくり出してくれる作品だ。

最近は国産のコートハンガーも多様なデザインが見られるが、この作品は１９７３〜７４年に発表されて以来、ずっと商品化され続けているロングセラーである。「黄金のコンパス賞」のほか、世界のデザインミュージアムの永久展示品にも選ばれている名品だ。

1978年｜Cumano Folding Table

ブランド：zanotta（ザノッタ）
デザイナー：Achille Castiglioni（アッキーレ・カスティリオーニ）
素　材：天板・フレーム／スチール（塗装）、ジョイント部／ABS樹脂
サイズ：H70㎝、Φ55㎝（折り畳み時：W55㎝×D4㎝×H114㎝）

家具の構造には大別すると4つの構造がある。1つ目は最もよく見られるもので、各部材がしっかりと固定され、ガタつきのない剛構造のもの（例外的に部材との接合部に隙間を設け、グラグラと動く柔構造の椅子などが存在する）。

2つ目は分解できる構造である。この構造は部材をあまり増やさないことが重要である。分解はしたものの再び組み立てが困難になるような構造は本末転倒だ。この分解・組み立てられる構造を一般的に「ノックダウン構造」と呼ぶ。

3つ目の構造として積み重ねる構造がある。この構造には上に載せていくものや、下から差し込み上方向へと重ねるものもある。また、スーパーマーケットの買い物用カートのように水平方向に重ねていく構造もある。上に重ねていく構造のものには、専用の置き台に載せることで数十脚も重ねることを可能にしたものもある。また、丸い座面を持つ椅子や腰掛けは、脚の幅分だけ回転させながら上方向に多くの積み重ねができるものもある。こうした重ねる構造を「スタッキング構造」と呼ぶ。

4つ目の構造には折り畳むものがある。この構造でもいくつかの畳み方がある。前後に畳むもの、横方向から畳むもの、中心方向に畳むもの等がある。さらに風船のように空気を注入・排出する畳み方もある。こうした折り畳み式の構造を「フォールディング構造」と呼ぶ。このほか、分解と折り畳み、両方の構造を取り入れた椅子もある。

これら2〜4番目に述べた構造には共通する特徴がある。それは普段使用しないときには分解したり、重ねたり、畳んで狭いスペースに収納しておける点である。このような補助的な家具は普段使いの剛構造の家具と比べ、安価なことが多い。

イタリアの巨匠、アッキーレ・カスティリオーニによる〈クマノ フォールディングテーブル〉には、そうした安っぽさは微塵も感じられない。3本脚の交差する部分のメカニズムは実にシンプルなため壊れにくく、かつ安全性につながるものだ。本来、フォールディングタイプの家具は、折り畳んだ状態でも、広げた状態でも審美性が求められる。また、畳んだ状態で自立できることも求められ、家具デザイナーにとってハードルの高いアイテムと言えるだろう。

この作品は畳んだ状態で自立はしないが天板に小さな穴が開いており、壁にかけられたアートオブジェのようでもある。さらに3本脚の利点として、床面が水平ではない場所、例えば石畳の道路に面したカフェテラスや、室内のタイル張りの床のわずかな凹凸面に対しても安定した使い方ができる。こうした3本脚の構造のテーブルや椅子は古くからヨーロッパで使われ親しまれてきたものだ。そんな日々の暮らしから生まれた何気ない便利な道具や日用品に着目したのがカスティリオーニである。斬新さのみが注目されるイタリアのデザイン界において、カスティリオーニならではの視点でアイデアとセンスを加え日用品を名品に変えたのである。

1983年｜Ilios

ブランド：Ingo Maurer（インゴマウラー）
デザイナー：Ingo Maurer（インゴ・マウラー）
素　　材：メタル、ガラス
サ イ ズ：W18㎝×D18㎝×H190㎝
カ ラ ー：シルバー、ブラック

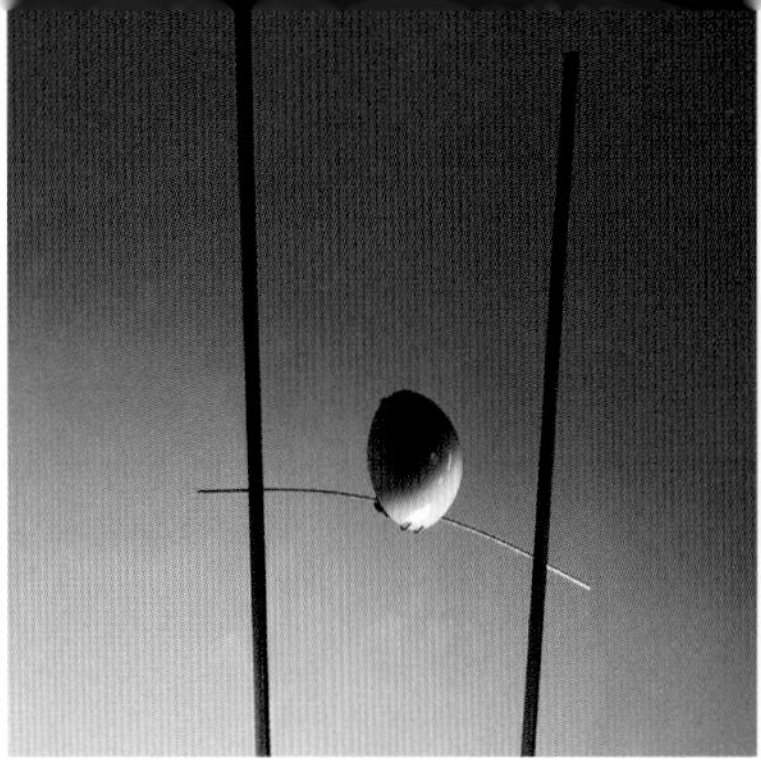

人類の進化は４本足歩行から直立歩行に移行し、その結果、前足が自由になり飛躍的な進化を遂げ、手となったのである。手でものをつかむ・握るという行為は、その動作に適した肉体的な変化を促し、単なる運動器官から感覚器官としての手を生み出した。霊長類の中でもヒトに近いチンパンジーやゴリラ、オランウータンの手と比較しても、人間の手は最もバランスよく発達したと言えよう。それは手が脳と密接に結ばれており、脳の発達と同時に手も発達したからである。人間の舌にはさまざまな味覚感覚器官の存在が知られているが、手にも同様のことが言える。すなわち、瞬間的な刺激を感じる触覚、これに対し持続的な刺激を感じるのが圧覚、そして熱さを感じる温覚に対し、冷たさを感じる冷覚、また、手だけではないが痛みを感じる痛覚の５つがある。これらの感覚は手のほかにも存在するが、特に手に集中して見られるものであり、こうした感覚器官は総じて「手の目」などと表現される。この手がもつ優れた特性は日常生活の中においても誰もが体験している。例えば、ごく薄い紙の厚さの違いや、風呂の湯温の違い、そして目に見えないほどの小さなトゲの痛みなど、例をあげればきりがない。ただ私たちはそうしたことを当たり前のこととして無意識に手のありがたさを享受しているだけのことである。

しかし、科学技術の進歩は私たちの生活を激変させている。それは人間の便利さに対する欲求によるものである。【便利】を辞書で引くと「都合がよく重宝なこと。また、うまく役に立つこと」と記されている。これはかなり肯定的な捉え方であるが、少し否定的な捉え方をすると「本来、自分でやろうとすれば出来ることを、機械、または他人にやらせること」と定義づけることもできる。私は常々、便利は退化の第一歩と考えている。最近は手をかざすだけで水が出る蛇口や、トイレのドアを開けると便座の蓋が上がり小川のせせらぎ音が流れるものなど、手を使わない環境が数多く見られる。本来手を使って書く文字や絵までもがキーボードを打ったり、指先を滑らせるだけの作業で済み、指の使い方も変化している。先にも述べたが手と脳は密接な関係にあり、手が退化することで脳の働きにも影響が及ぼされることが懸念される。

写真の照明器具はドイツの奇才、インゴ・マウラーによるタッチスイッチ式の作品だ。照明器具に付きもののスイッチは見られず、この製品本体のどこかに触れると明かりが灯り、離すとその明度が保たれ、ずっと触れているとやがて消える。細い金属の支柱はたおやかに揺れ動き、不思議な明かりの世界を生み出してくれる。手のもつ触覚を呼び起こさせてくれる楽しいフロアランプだ。

1984年 | PICTO

ブランド：ROSENDAHL（ローゼンダール）
デザイナー：Steen Georg Christensen＆Erling Andersen
（スティーン・ゲオルグ・クリステンセン＆アーリング・アンデルセン）
素　材：ケース／ステンレススチール、ベルト／シリコンラバー、カーフレザー
サイズ：Φ40㎝、T0.85㎝

太古の昔、人類の祖先は洞窟や岩山の窪みに住み、日々の暮らしの様子や、狩猟で得た動物たちを壁に描き残した。その代表的なものがフランスのラスコーや、スペインのアルタミラの壁画であり、サハラ砂漠の岩絵である。そうした絵はなぜ描かれたのか、研究者によると狩りの記録であったり、狩りの豊かさを祝った記念として描かれたようだ。これは記録性を有する記号とも考えられるものだ。そして、ある種のメッセージでもある。これらの絵はやがてヒエログリフや漢字など象形文字を生み出し、より複雑なメッセージを伝える道具となった。

文字を使わずにメッセージを伝える手段として考案されたのが視覚記号である。その最も単純で明快なものがシグナルだ。私たちの身の周りによく見られる交通標識などがその代表例で、それを見た瞬間に理解を求められるものだ。

また、複数のメッセージを伝える記号として考案されたのがサインである。注連縄《しめなわ》や、新酒の完成を告知する際に、造り酒屋の軒先に吊るされる杉玉などがこれにあたるものだ。

さらに、企業や団体、あるいはブランドなどの理念や思想などを象徴的に表わすものがシンボルである。その具体的な例が企業のトレードマークや、オリンピックなどのイベントのシンボルマーク、巷にあふれるブランドのロゴマークなどである。こうしたシグナルやサイン、シンボルはピクトグラム（絵文字）に属するものだ。ピクトグラムは言語に頼ることなく、また、学習をしなくても理解できることが特徴である。

このピクトグラムが日本で話題になったのは、１９６４年に開催された東京オリンピックの案内表示であった。勝美 勝氏のデザインにより各競技種目やさまざまな施設などが見事に表現され、それらは後に１９７２年のミュンヘンオリンピックでオトル・アイヒャーのデザインへと昇華していったのである。

今では日本中のどこにでも見られる非常口を表わすサインは、１９８０年、世界中のデザイナーたちからの３３００点を超える案の中から、日本のグループのデザインが採用されたのである。このピクトグラムはその後世界中で使われることになり、誰もが認知するものとなった。

〈ピクト〉と名付けられた写真のリストウォッチは、ボディペインティングで知られたピクト人から、あるいは前述したピクトグラムからの引用と考えられるが、その文字盤は極めてグラフィック的なことから、ピクトグラムを意識したようだ。

このリストウォッチの大きな特徴は、時を表わす点が文字盤に印刷されているにもかかわらず、点が動くという世界初の回転式ダイヤル方式を採用したことだ。１９８４年、初号モデルが発売され世界的な話題を呼んだ。初めて目にする人の視線をくぎ付けにすることは間違いなく、文字盤の常識を覆した作品だ。

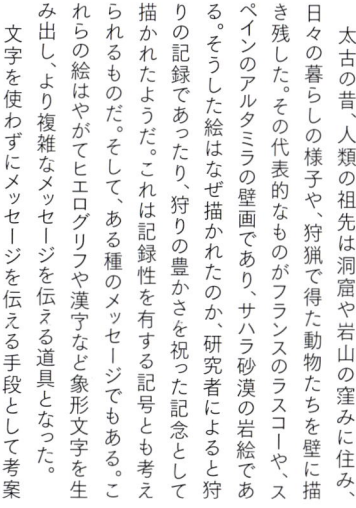

1984年｜リキウインザー

ブ ラ ン ド：カンディハウス
デザイナー：渡辺 力

アームチェアー
素材・仕上げ：オーク（座板無垢材）（塗装）
サ イ ズ：W63㎝×D57.5㎝×H91（94）㎝、SH42（45）㎝
サイドチェアー
素材・仕上げ：オーク（座板無垢材）（塗装）
サ イ ズ：W60.5㎝×D57.5㎝×H91（94）㎝、SH42（45）㎝

　近代椅子デザインの源流として４つの源となる椅子がある。それは中国明代の椅子、アメリカのシェーカーチェア、ドイツのトーネットの曲木の椅子、そしてここで紹介する作品のルーツでもあるイギリスのウィンザーチェアの４タイプの椅子だ。

　モダンチェアのルーツとしてのウィンザーチェアであるが、さらにそれをさかのぼると各地方に育つ身近な樹々を使い、手先の器用な人々によってつくられたカントリーチェアと呼ばれる素朴な椅子にたどり着く。それらは座板に丸棒の脚を差し込み、同様に背や肘も細い丸棒で支えられたものだ。そうした暮らしの中から生まれた素朴な椅子が進化するのは産業革命がきっかけといえる。大都市圏に人口が集中することで一般大衆の家具に対するニーズが高まったのである。ロンドンの北西部に位置していたハイウィッカムでは１８７５年頃、１５０を超える工房があり、１日に４７００脚ものウィンザーチェアが生産されたほどである。その量産の工程には分業制という特徴があった。

　ハイウィッカムでの工程を紹介する。まずボッジャーと呼ばれる職人たちは伐採した丸太を一定の長さに玉切りし、その材を割り、鉈などで荒削りした後、シェービングホースと呼ばれる台にまたがり、固定した材をさらに削り、多面体の円柱状の部材に仕上げる。それらの部材はポールレイスと呼ばれる立木の弾力性を利用した簡易木工挽き物装置や、ペダルを踏んで駆動させることで木を回転させる機械を使い、刃物を当て、整った丸棒に加工したのである。仕上がった部材は屋外で乾燥させた後、次の工程の職人の手に渡るのだ。一方、ソウヤーと呼ばれる職人たちは２人１組で長いピットソーで丸太を製材し、座板となる部分をつくるのである。それらの部材はボトマーと呼ばれる職人たちによって、座面が尻にフィットするよう曲面に削られる。次の工程ではベンチマンと呼ばれる職人により座面に脚や背を支える丸棒のためのホゾ穴をあける作業が行われる。この作業はそれぞれの丸棒の角度に合わせた穴でなければならず高度な技術を要す。こうしてつくられたさまざまな部材はフレーマーと呼ばれる職人によってウィンザーチェアとして組み立てられる。最後にフィニッシャーと呼ばれる職人によってダークな色調に塗装される。これは各部材が異なる樹種のため、色味の違いを目立たせなくするためである。

　写真の〈リキウインザー〉は日本のプロダクトデザインの草分けであり、生涯現役のデザイナーとして活躍された渡辺　力氏の代表作だ。筆者は生前何度かお目にかかったことがあるが、幅広く活躍された方とは思えないほど謙虚で腰の低い方であった。写真の作品はナラ材にアクセントとして濃い色の材が千切りに使われている。凛とした美しさは和、洋を問わず、それがあるだけで空間に豊かさと緊張感を生み出す名品だ。

1987年｜BRAUN Clock

ブランド：BRAUN（ブラウン）
モデル：BC02X（ベース：AB1）
オリジナルデザイン：Dieter Rams（ディーター・ラムス）
素　材：プラスチック
サイズ：W57㎝×D27㎝×H57㎝

人類が「時間」という概念をもったのは一体いつの頃からであろう。

この「時間」は天体の動きから考え出されたものである。地球の公転は３６５日と5時間48分46秒かかり、太陽暦では1年が３６５日であるため、ほぼ４年に１回、２月を29日としている。太陰暦では1年が３５４日なので、ほぼ5年に2回、1年を13ヵ月としている。こうして考え出された1日をさらに24時間に分割し、60分、60秒とそれぞれの単位を細分化したのである。人類はこのような時間の概念を得たことから、逆に時間に支配されることになるという皮肉な側面をも生み出すことになったのである。

その典型が目覚まし時計であろう。日本における目覚まし時計の歴史をひもとくと、その最初のものは明治初期にボンボン時計や八角時計などとともにアメリカから輸入されていたようだ。そして、１８９４年頃からはドイツ製のものがその市場を占めるようになった。それはアメリカ製のものと比べ価格が一円五〇銭と廉価であったため、他のメーカーは価格競争に勝てなかったのである。しかし、このドイツ製の目覚まし時計は鉄をベースにニッケル仕上げを施したものであったため、経年変化により赤さびが発生し不評を買っていた。こうした点に商機を見い出したのが日本の服部時計店工場精工舎（現・セイコー）であった。１８９９年、同社によって生み出された国産初の目覚まし時計は、ケースが真鍮製であり、ドイツ製のものと違い、メッキの美しさをいつまでも失うことなく、大衆の支持を得たのである。そして１９０９年頃には日本国内のみならず、中国大陸での市場をも独占するに至った。

日本に初めてドイツ製目覚まし時計が輸入されてから26年後の１９２１年、ドイツにある企業が設立された。その企業はドイツを代表するブラウン社である。バウハウス（１９１９年にワイマールに誕生した世界初の総合芸術学校。日本のデザイン教育はこの学校を手本としている。１９３３年閉校）の流れを継承するデザイナー、ディーター・ラムスが中心となり、１９５０年代からさまざまな家電製品や時計などを次々と発表していった。それらはミニマルデザインの極致とも言うべきのであり、世界に大きな衝撃を与えた。すべての製品はネジの１本から、パネルの表示まで一分の隙もないほどに機能的で美しく、そこにはデザインを通して同社の哲学が見事に具現化されていたのである。

ここで紹介する目覚まし時計はディーター・ラムスのデザインによるもの。時を刻み、時刻を告げてくれる、小さな芸術作品だ。

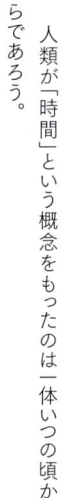

1988年｜Taraxacum 88 S

ブランド：FLOS（フロス）
デザイナー：Achille Castiglioni（アッキーレ・カスティリオーニ）
素材：スチール、アルミニウム
サイズ：H73㎝、Φ80㎝

物理や数学という理科系の単語を聞いただけで、私のような文科系の人間にはアレルギー反応が起こる。代数や幾何など、中学・高校時代にもう少し勉強をしておけばよかったと悔やまれるが後の祭りである。こうしたアレルギーは今にして思えば、その教育（学習）の方法に問題があったような気がする。

かつて数学者の秋山　仁先生が、東海大学旭川校舎において、数学と造形について指導をされたことがあった。その指導方法は実にユニークなもので、私たちが抱いてきたこれまでの数字や記号に象徴される難解なイメージを根底から覆す内容であった。それは数式を用いながらも、頭の中で計算し、図形化するといった抽象的なものではなく、大学の木工室で手と身体と頭を使う実習作業としての数学「マセマティカル・アート（数学芸術）」であった。数学がもつ不思議の世界を具現化したこのプロジェクトは、大学生たちだけでなく小学生やその保護者をも魅了した感動の一大イベントになった。その一例として、いくつかに分割された正方形の天板をもつテーブルは、その配置を変えると見事な正三角形の天板のテーブルに変化した。また、四角い車輪の自転車が、専用の床を進むと何ともスムーズな運転を可能にしたりと、あらゆることがサプライズの連続であった。日本の教育が記憶力を中心とした内容であるのに対し、欧米のように個人の個性を尊重した思考力を高める内容であったら、もう少し日本人の数学に対する捉え方も変わっていたかもしれないと思い知らされたプロジェクトであった。

〈タラクサカム（イタリア語でタンポポの意味）〉と名付けられた写真のペンダントランプは、イタリアデザイン界の巨匠、アッキーレ・カスティリオーニの手によるものだ。その名のように、タンポポの綿状の球体を表現したものだ。60個のクリアランプは正三角形からなる二十面体にそれぞれ3個ずつ取り付けられている。幾何学というのは、ものの形態や大きさ、位置関係など、空間の形式的な性質を研究する数学の一つの部門であるが、自然界の中には幾何学で読み解くことのできる幾何形態は数多く存在する。

カスティリオーニは、身の周りの事物を問題意識をもって観察し、そこからインスピレーションを得ることの大切さを説いた人であった。小さな綿毛のタンポポがイタリアを代表するデザイナーに大きなヒントを与えたことを考えると、何とも微笑ましいことだ。

この作品にはペンダントタイプのほかに、天井に直接取り付けるシーリングタイプもある。

1990年｜3点セットのこぎり

制　作：アートクラフト バウ工房
素　材：柄／オーク、身／メープル
サイズ：各種

人類は太古の昔から身近な樹木を加工・活用してきた。しかし、その加工は人の手によって生み出された道具があって初めて可能となったのである。その最も原始的なもののひとつとして、燧石(すいせき、ひうちいし)を鋸歯状に加工し、のこぎりとして使ったものが知られている。その後、エジプトの第4〜6王朝(紀元前2613〜2181年)頃には粗銅製の柄の付いたのこぎりが考案されている。のこぎりの歯が一定の方向にそろえて刻まれたのは鉄器時代になってからである。

　のこぎりは大別すると、手動のこぎりと動力を使った機械のこぎりに分けられる。機械のこぎりは丸のこやバンドソーと呼ばれる帯のこ、鎖状に刃をつないだチェーンソーなどがある。これらに共通するのは、回転運動によって連続的に鋸断する効率的なものであること。それに比べ、手動のこぎりは引く、押す、のいずれかは鋸断機能をもたない動きであるが、細かな加工には適しているものだ。

　そもそものこぎりとは、組織が均質でない木材を平滑に切断するために考案されたもので、日本では木の繊維(木目)方向に引き切る場合には縦引歯、繊維を直角方向に引き切る場合には横引歯、そして、繊維方向とは無関係に引き切るものはばら目歯という、それぞれの用途に合わせた鋸目が立てられた。

　また、柄の付いたのこぎりは「柄」と「身」という金属部分で構成されている。身は、柄の中に差し込まれた部分を「込み」、鋼でつくられた部分を「継ぎ目」、そして身の手前部分を「根もと」、中心部分を「腰」、先端部分を「頭」、全体の上部分を「背」、歯が並ぶ下部分の前後を「刃渡り」と呼ぶ。こうしてみると、人体と同じ名称がいくつか付けられているが、これは職人の道具に対する思い入れのようなことから名付けられたのかもしれない。

　のこぎりは単に木を切断するだけでなく、木を断切する際に出る屑をかき出す役割も果たさなければならない。そのためのこぎりの歯にはさまざまな工夫がなされているのだ。

　日本ののこぎりは手前に引くが、他の国では前方に押して使うのが一般的である。これはかんなでも同様である。日本ののこぎりは欧米に比べ種類が多いうえに、加工を考慮した構造のものが数多く見られる。

　ここで紹介する、大門 巖の〈3点セットのこぎり〉は、その精度の高さから、身の部分が金属色であれば本物ののこぎりと間違えてしまうほどの出来ばえである。本来、木を加工するための道具をあえて木で製作するという、独特の遊び心には敬服させられる。彼は木工家にありがちな「手づくり」や「無垢材」を売りにする人たちと違い、高い技術や構造に精通した中から生まれるアイデアと感性豊かな作品の数々が、国際コンペ等で証明されている。

1990年 | BOW Chair

ブ ラ ン ド ： カンディハウス
デザイナー ： アンドリュー・ベルシュナー＆ジョセフ・ヴィンセント
素　　　材 ： バーチ
サ　イ　ズ ： W58.5㎝×D68㎝×H77㎝、SH45.5㎝

よく「デザインはプロセス（過程）が大切だ」と言われる。結果もさることながら、そこに至るまでの背景や考え方などの重要性を示した言葉である。家具、特に椅子が製品化されるまでにはさまざまなハードルがある。椅子のデザインは、家具の中でも特に難しいものであろう。人それぞれの体型は千差万別であるうえに、その掛け方、座り方も一様ではなく、肘掛けに腰を乗せたり、後脚にのみ全体重を掛けるひどい場合もある。そうしたありとあらゆる状況にも対応できるだけの構造的な強度が要求されるのである。

さらに、椅子にはそれぞれの目的に合った掛け心地、つまり高い機能性も必要である。加えて、造形的に美しいプロポーションや量産性（経済性）、安全性なども備えていなくてはならない。これに対して、テーブルやデスク、ベッド、収納家具は垂直荷重に対応したうえで、基本的な寸法に基づいてデザインをするのが一般的であろう。

椅子のデザイナーは、まずアイデアに基づいていくつかのスケッチを描き、その中から最も目的に合致したもので実現可能なものを選ぶ。メーカーにより若干の違いはあるかもしれないが、5分の1程度のスケールモデルを製作し、プロポーションなどのチェックを行う。さまざまな問題点を検討したうえで、原寸のワーキングモデルをつくり、座高や肘高、背高、背と座の角度など、実際に腰を掛けたりして機能面や構造面のチェックを行う。その後、原寸の3面図を製作。最近はほとんどがコンピューターによるCADで描かれ、このときのデータが最終的な製品化の際、機械に入力され、合理的につくられるのである。プロトタイプ（試作品）は1度の製作で商品化に至る訳ではなく、3度、4度と繰り返し製作され、その都度、問題点が解決されていくのである。最終的なモデルは公的な機関で、用途（パブリックスペースの場合は使用頻度が高く、家庭用はその逆である）に合ったさまざまな種類の強度試験が、数千回単位で繰り返し行われる。

これらのハードルをクリアしたものだけが、新作発表会などを通じて業界関係者たちに紹介される。その際の反応が悪ければ量産化は見送られるか、新たな問題点が指摘されれば、次回の展示会に再チャレンジするのである。

写真の〈BOW（弓）チェアー〉はアメリカのデザイナー、アンドリュー・ベルシュナーとジョセフ・ヴィンセントによるものだ。この椅子は彼らがデザインしただけでなく、完成したモデルをカンディハウスに持ち込み、売り込んだという極めて珍しいケースである。そのため、同社は開発費に相当する金額を上乗せして支払い、この作品を採用したのであった。

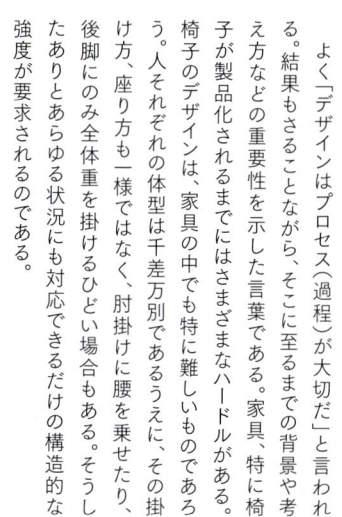

1990年｜Ritmo Latino Watch

ブランド：Ritmo Latino（リトモラティーノ）
モデル：CAPRI（DODICIシリーズ）
素　材：ケース・バンド／ホワイトポリアミド、風防：無反射コーティングカーブドミネラルクリスタル
サイズ：ケースΦ約4cm、H2cm、バンド／W約2cm
カラー：各種

日本が戦後の復興に励み、高度経済成長を成し遂げるまでには幾多の困難があった。当時は外貨準備高も乏しく、海外からの物品を輸入するにも、1ドル360円というドル高のため、物々交換による貿易、バーター貿易が行われていたのである。そのため輸入品はとてもなく高価なものであった。そうした状況の中で、国をあげて努力を重ね、円安を生かし、輸出振興で戦後復興を成し遂げたのである。

今では考えられないことであるが、この頃やっと個人が自由に出国し、海外旅行をすることが可能になったのである。当時は外貨の持ち出し額も制限され、1回の旅行で500ドルまでという限度であったため、外国人が泊まるホテルなどから闇ドルを調達して出国する人も多かった。

自由に海外に出国できるようになると、海外で自らの才能を発揮し、凱旋帰国を夢見て出国する人たちが続出した。そうした中にはデザイナーを志した人もいた。私もそんなことを夢に見たことがあり、友人の何人かはヨーロッパに渡った。限られた予算での旅行ゆえ、最も価格の安い新潟からナホトカを経由し、シベリア鉄道を乗り継ぎ、ヨーロッパの各都市に渡ったのだ。そうした人たちの中には片道切符を手に渡欧した者もいた。現在、世界的な名声を得た日本人デザイナーや画家にもシベリア鉄道の片道切符を手に渡欧した方々がいる。しかし、多くの人たちは志を達成することなく現地で家庭をもったり、目標とは別の職業を選んだりせざるを得ないことが多かった。

リトモ・ラティーノは日本人デザイナー、瀧川　林氏が1990年、ミラノで設立したブランドである。彼は1962年に大阪で生まれ、1984年イタリアのマランゴーニ・デザインスクールに入学。翌年には早くもデザイナーとしての才能が認められ、ミラノのコムラン社に入社。さらに1992年には建築家としての才能も開花させている。イタリアではHACOのニックネームで注目を浴びた。しかし、残念なことに2001年、39歳という若さで亡くなった。かつて苦労をして渡欧した人たちとは違い、豊かで自由な時代に渡欧し、成功したデザイナーであるが、もし今も生きていれば、どれほどの広い領域で活躍するデザイナーになっていたのだろう。

リトモ・ラティーノとは、「ラテンのリズム」の意味である。その名が表すようにポップでオリジナリティーあふれるデザインから、たちまちヨーロッパ各地で話題となった。著名な時計メーカーが薄型でエレガントなデザインを指向する中で、ドーム型のガラスやポップな文字盤と針、そしてゴールドベゼルなど、ポップなデザインでありながら上品さも備えている。こうしたデザインは若い人よりも、50代、60代の「遊び心」をもった人たちにこそ向いているのではないだろうか。

1994年 | MOIZI Chair

ブランド：MOIZI（モイジ）
デザイナー：Peter Moizi（ピーター・モイジ）
素　　材：ビーチ
サ イ ズ：W47㎝×D52㎝×H82.5㎝

私が生まれたのは終戦からまだ1年も経っていない頃で、日本中が貧しく、ものが不足していた時代であった。それは衣・食・住のすべての分野において見られた現象であり、そうした苦難の時代には、暮らしに対するさまざまな工夫が至るところに見られた。それは子どもの生活でも例外ではなかった。

当時の子どもの衣服はほとんどが身内や親類からの「おさがり」であり、しかもそれらは子どもの体型に合致したものではなく、衣服の寸法に手を加えたものであった。袖はその丈を短くするため、二の腕あたりでまつり上げたり、ズボンの裾も同様に丈を上げていた。帽子などはその内側に厚紙を入れたり、靴では中敷きや、つま先に綿を詰めるなどして、子どもの成長と衣服等の寸法を調整していたのである。

このように急場をしのぐことを「間に合わせ」と言う。この「間に合わせ」は良い意味で使われることはあまりない。最近では超低価格の衣服や家具の分野にこうした傾向が見られるようだ。衣服はともかく、本来、家具というものは、親から子へ、さらに孫の世代にまで使い続けられるものであろう。日本では子ども用と言えば、この「間に合わせ」的な発想のものづくりが長い間続いてきたように思う。それに対して、西欧では大人用とまったく変わらないものづくりが行われている。そこでは子どもを「一個の人格をもった小さな人間」と捉え、たとえ子ども用であっても、著名なデザイナーが真正面から取り組み、商品寿命の長いものづくりがなされている。ものの寿命には、構造・素材・機能、そしてデザインという4つの要素があり、このうちのどれひとつが欠けてもものは存続できない。

ここで紹介する作品はドイツのJ・O・ストロムスキー社(現・MOIZI社)の研究者であり、デザイナーのピーター・モイジによるものだ。彼は子どもの成長過程を研究し、人間工学に基づいて考案されたさまざまな製品群は、ドイツ本国のみならず世界的にも高い評価を受けている。この〈モイジチェア〉は、生後6ヵ月から高学年の体重40kgまでに対応でき、その座面と足乗せ用のパネルは4センチ間隔で調節が可能である。最近では子どもの成長に配慮し、低年齢から大人用までの長期間の使用を前提としたものがいくつか発表されており、遅れていたこの分野でも2〜3世代にわたって使えるだけのロングライフなものが生まれていることは喜ばしい限りである。この椅子は側面の支持部分が安定しており、幼児でも安心して使用できるものだ。

同社の椅子づくりに対するコンセプト「良い椅子選びは、良いパートナーを選ぶことと同じである」は、人間的な道具、椅子に対する同社の経営哲学が表れている。

1995年｜Compact Glass

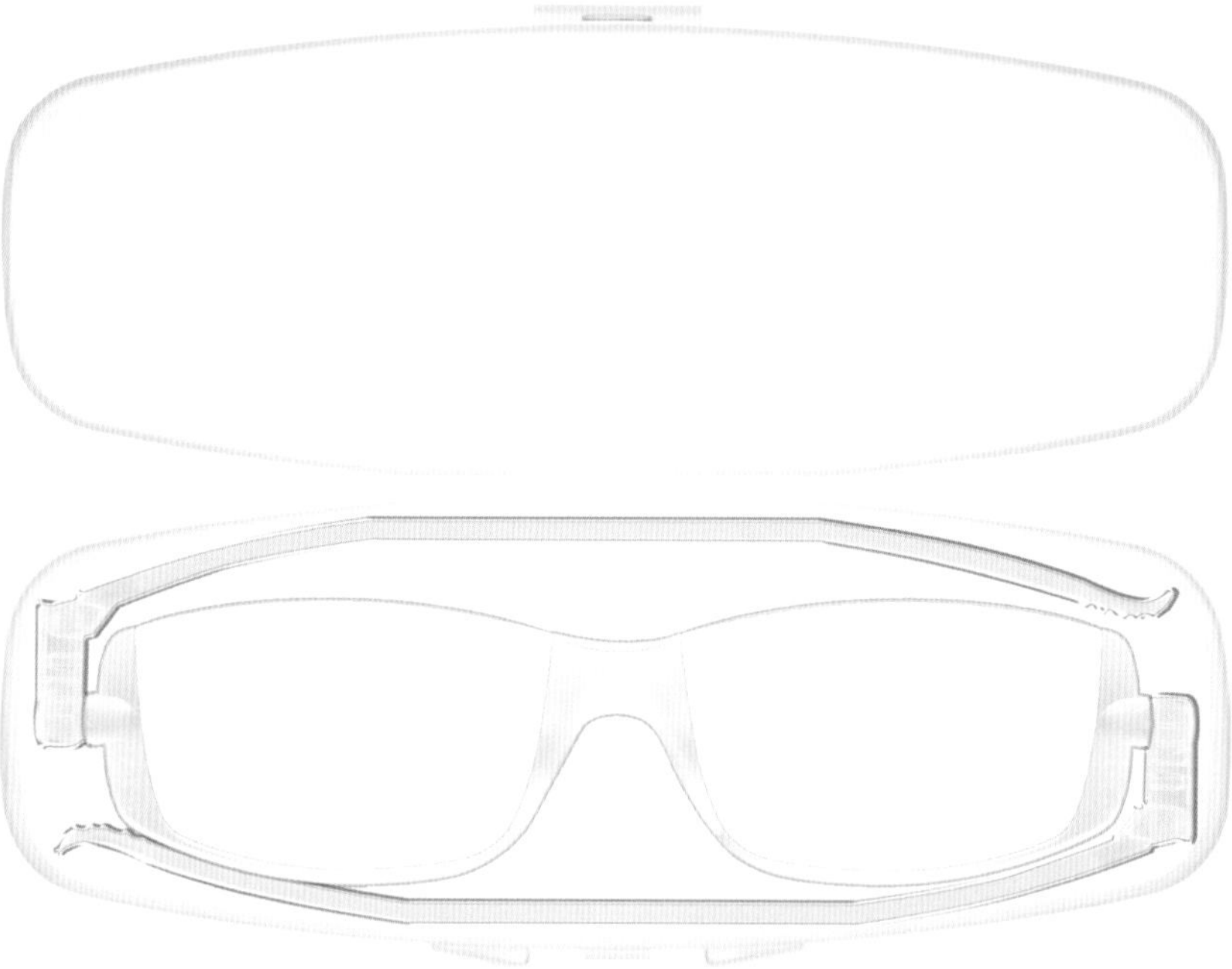

ブランド：NANNINI（ナンニーニ）

Compact Glass 1
素　材：樹脂
サイズ：W13.3㎝×D0.7㎝×H4.4㎝（折りたたみ時）
カラー：クリア、グレー、ブルー、レッド
Compact Glass 2
素　材：樹脂
サイズ：W13.4㎝×D0.8㎝×H4.6㎝（折りたたみ時）
カラー：クリア、グレー、ブルー、レッド、トートス、ボトルグリーン、ブラック、ローズクウォーツ、
グリーンウォーター、イエロー、フクシャ、ホワイト、アズレ

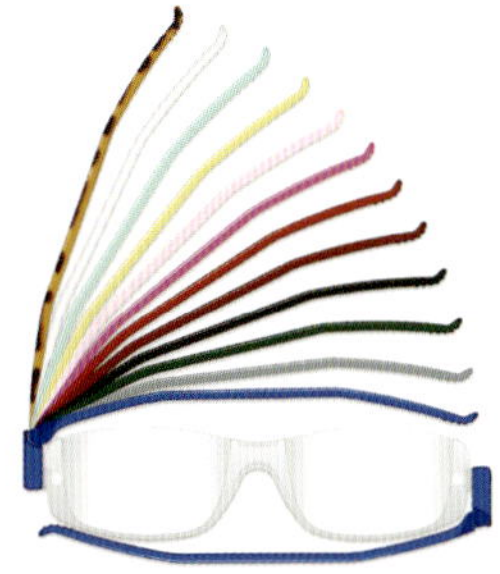

人は誰しも、その生命の永続性を願うものであり、それが叶わないことを悟ると、来世での存在を神や仏に祈り頼るようだ。そして権力を握った皇帝ともなると、その願望はより一層強くなり、来世への旅立ちに際しては巨大な墳墓を建造したり、中国の始皇帝の兵馬俑などに見られるように、膨大な数の等身大の人形をその墳墓に埋めたり、そのスケールは権力に比例している。

また、中国では他に見られない肉体の永続性に対する願望・執着が異常なほどに強く現れた時代があった。紀元前3世紀頃の戦国時代に神仙説と言われる超現実的な思想が生まれた。それは不老不死の観念であり、人間の生に対する強欲さの現れとも言えるものであろう。この神仙説では仙人が実在し、黄金の宮殿や、年中春のような楽園があるとされていた。仙人になるためには「丹」と呼ばれる不老長生の秘薬が必要とされた。斉の威王や宣王、燕の昭王、秦の始皇帝などは部下に命じて、この丹を探しに行かせたのである。この神仙説は中国だけにとどまらず、朝鮮や日本、インドにも伝わり、似た思想を生み出した。しかし、不死という観念と結び付いたのは中国だけであった。

生命体は生まれたときからいずれは死ぬ運命にあることは誰もが自覚していることである。しかし、どれだけ科学が進歩しても、人はその老いに対して抵抗を試みるものだ。外見的な老いを隠すためのエイジングケアの化粧や、肉体的な老いのケアにはさまざまなサプリメントが用いられる。誰もが老いることからは逃れられないのであるが…。そんな老いの典型例が老眼であろう。

目も身体の各組織や器官と同様に、角膜や水晶体、網膜などが年齢を重ねるごとに老衰し、その機能に支障を来すのである。老眼は老視とも言われ、加齢とともに眼球の水晶体の弾力性が失われることで、近くのものが見えづらくなる状態をいう。目には物体を明瞭に見ようとする調節機能がある。その調節作用を行っているのが水晶体である。調節機能の低下を補い、対象物を明瞭に見えるように考案されたのが、凸レンズを使った老眼鏡である。

ここで紹介するイタリア生まれの老眼鏡〈コンパクトグラス〉は、これまでの常識を覆すユニークなメカニズムのものだ。テンプル(つる)は通常の折り畳み方だけでなく、グラス本体との接合部が90度回転することで、7、8ミリ程の薄さの平面的なフォルムになるのである。ケースと合わせても30グラムに満たない軽さとサイズが、そのネーミングの由来だ。イタリア人ならではの遊び心あふれるデザインは、老眼鏡とは呼ばせないものだ。老人とは、年齢ではなく、その人の気持ちの持ち方ということをこの眼鏡が教えてくれるようだ。

1998年｜majamoo Pot Stand

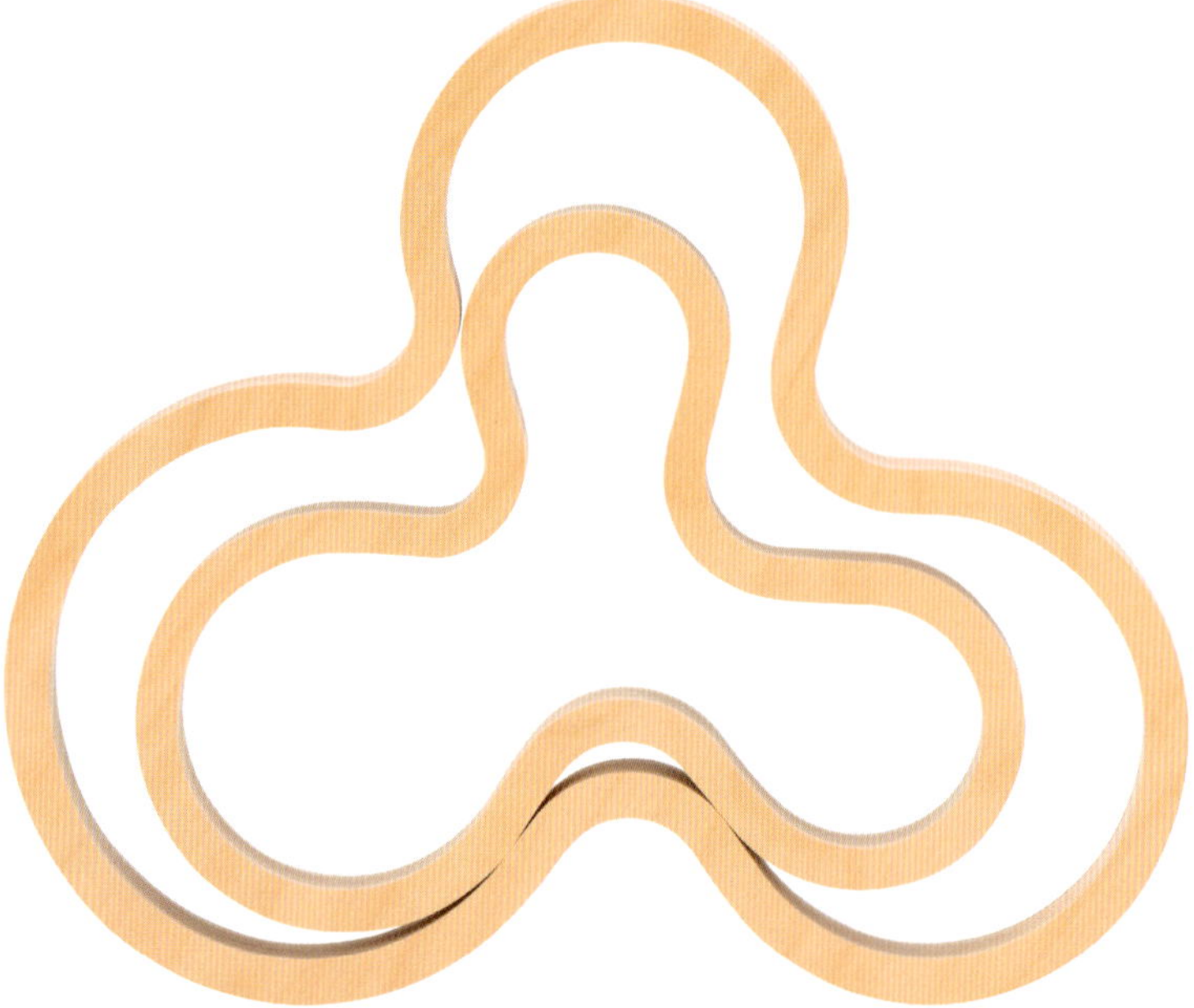

ブランド：majamoo（マヤムー）
デザイナー：Jani Martikainen（ヤニ・マルティカイネン）
素材：ホワイトバーチ
サイズ：S／W13.8㎝×D10.5㎝×H1.4㎝、M／W16㎝×D12.5㎝×H1.4㎝、L／W21.4㎝×D18㎝×H1.4㎝
カラー：ナチュラル、ホワイト

北欧の気候は厳しく、特に冬は暗く長いものだ。しかし、それゆえ、短い夏に対する謳歌の仕方は、私たちの想像を遥かに超えるものがある。そんな北欧の人たちは、自然との接し方においても、温暖な地域の人たちと違う感性で付き合っているように思われる。自然に対する眼差しが違うのだ。それは暮らしの中におのずと現れており、デザインの分野でも顕著である。

フィンランドは「森と湖の国」と称されるように、白樺や針葉樹の森と、大小無数の湖が存在する。今回紹介するポットスタンドは、建築家アルヴァ・アアルト生誕百年を記念して開催されたデザインコンペティションから生まれたもの。そのデザインからも分かるように、これらのシリーズは明らかにアアルトの名作フラワーベース〈サヴォイ（P・22）〉にヒントを得たものだ。アアルトがフィンランドの湖や、そこに発生する波をイメージしてデザインしたサヴォイは、ヘルシンキのサヴォイレストランに因んで名付けられた。サヴォイは丸太を波形にくりぬいた型の中に溶かしたガラスを吹き込む「型吹き込み」の技術でつくられる。そのため、吹き込むたびに木型の内側は焼けこげていき、そこから取り出されるガラスは微妙に形を変えたものとなる。１９３６年に発表されて以来、サヴォイシリーズとしてさまざまなサイズやデザインバリエーションを生み出している。

よく「名作は新たな名作を生む」と言われるが、ここで紹介するマヤムー社の製品もそうした典型例と言えよう。

写真のポットスタンドは、アアルトがよく用いた白樺（ホワイトバーチ）の薄板を重ね、成形したものだ。この成形は小さなアール（曲面）に対しては破断を起こしやすく、しかも、最終的にリング状につなぐため、その製造プロセスには困難を伴う。アアルトが〈パイミオチェア（P・18）〉のフレームをリング状につないだスカーフジョイント工法（斜めにカットしてその接合部分の強度を保ちつつ、目立たなくつなぐ方法）を採用している。しかしこの製品は小さなサイズのため、この工法では接着面も小さくならざるを得ず、ハードルの高い作業であったと想像される。いずれにしても、アアルトに対する尊敬の念がこの作品を生み出したのだろう。

この作品をデザインしたヤニ・マルティカイネンはヘルシンキ工芸大学在学中にポットスタンドを考案している。彼が在籍していた大学は後に工業大学、商業大学と合併し、アアルト大学となった。つまり、デザインを志す者は工業的な知識（テクニカルな面）や、商業的な知識（マーケティングなどの市場性など）を知らずして、デザイナーたり得ないということだ。これは、工業・商業大学にも同様のことが言えるものであろう。フィンランドの教育水準が世界一と言われるのも、こうしたクロスエデュケーションと考えると納得のいくものだ。

2003年｜fagus minis

ブランド：fagus（ファーグス）
素　材：ビーチ
サイズ：各種

経済がグローバル化する中で、かつて日本がアメリカの企業を買収していったように、最近では中国企業による先進国の企業買収が盛んに行われている。そうした行為は必ずしも悪い面ばかりではない。しかし、ものづくりの現場においてはさまざまな問題点が考えられる。買収をする側の企業や、投資家にとってみれば、相手の企業の魅力は収益性が第一であり、あくまでも経済的価値が最優先されるのである。そのため、ものづくりに対するこだわりはなく、より人件費の安い発展途上国での生産となる。世間でよく知られている企業の商品や、有名ブランドの品々も、実はそれらの企業の本国でつくられていないことがよくある。経済性を重んじるあまり、同じ商品でも、過去のものとはかなり違う品質となっていることが多々見受けられる。そんな問題をはらむ現代のものづくりの現場にあって、長い年月を経ても変わらぬ企業理念を貫いている企業もある。それがドイツの木製玩具メーカー、ファーグス社である。

ファーグス社は教会を母体とする、ビュンガン・テヒニークの系列企業である。特筆すべきは、その系列企業のすべてにおいて障害者の人々を雇用しており、さらにその人たちのための住居を用意し、工場への送迎、そして医師・カウンセラーを配置するなど、健常者と障害者が平等に働ける環境を整えているのである。企業においてこうしたことを可能にしているのが、国の税制面での優遇措置である。官民が一致協力してこそ、理想的な社会が実現するのであろう。

ドイツ人のものづくりの現場においては、何事にも徹底しなければ済まない頑固さ、一徹さのようなものを感じる。その素材に対する考え方も徹底しており、主素材はブナ(ビーチ。ラテン語ではFagus=これが社名となった)の無垢材のみである。そして、ネジや釘は一切使用していない。また、ユニークなのはその商品アイテムである。そのほぼすべて(一部、知育玩具的なものもある)が、一般の乗用車ではなく、産業用の働く車であるということだ。ショベルカーやダンプカー、クレーン車等々である。これらの可動玩具は、そのシンプルで美しいフォルムと各パーツの有機的な動きから、数多くの賞を受賞している。

最近の日本の児童を見ていると、ゲーム機やフィギュアなどに夢中になり、バーチャルな世界に浸っているように思えてならない。子どもの頃、巨大な重機がたったひとりの人間の力で動くことを見たときのあの感動が、ファーグス社の玩具からは間違いなくよみがえる。

2004年｜Cork Family

ブ ラ ン ド：Vitra（ヴィトラ）
デザイナー：Jasper Morrison（ジャスパー・モリソン）
素　　　材：旋削仕上のソリッドコルク（表面未加工）
サ　イ　ズ：Φ31×H33㎝

人類はその誕生の頃から身近な材料を手加工し、道具や日用品を生み出してきた。その最も代表的な材料が樹木だ。コルクの材料となるのはコルク樫の樹皮である。コルクは私たちの生活のさまざまな場所でなじみ深いが、その歴史は古く、古代ギリシャ時代にまでさかのぼる。それは樽や瓶の栓として利用され、そうした用途は現代にまで続いている。

コルク樫は地中海沿岸地域に自生するブナ科のコナラ属の樹木で、直径1・5メートル、高さ20メートル、その寿命は150〜250年にもなる。主な産地はスペイン、ポルトガルであるが、フランス、イタリア、北アフリカのモロッコ、チュニジア、アルジェリアでも産する。これらの地域は気候が温暖であり、乾燥地域でもある。天然林も存在するがスペインやポルトガルではプランテーションとして栽培されている。その森ではイベリコ豚が放牧され、コルク樫の実、ドングリを餌として育つ。ワイン、コルク栓、イベリコ豚の生ハム、それぞれが関わる産業を形成しているのだ。

コルク樫からコルクを採取するには樹齢20年を過ぎ、樹皮の厚さが5〜10センチになってからだ。最初に採取したものはバージンコルクと呼ぶが、表面の凹凸が激しいため製品には向かず、その用途は限定される。最初の採取から約10年で樹皮は再生され、ワインの栓のほか、さまざまな製品に加工される。樹皮の採取は幹を傷付けることのないようすべて手作業で行う。

コルクは比重が0・1〜0・2グラムと極めて軽く、その上、柔軟性に富み、耐水性や断熱性、吸音性、絶縁性、吸湿性などほかに類を見ない優れた材料特性を有している。さらに軽量なため輸送コストを抑えられる点や加工のしやすさも見逃せない。

こうした素材としての優位性がコルクの利活用の領域を広くしている。最も多く使われているのがワインの栓であり、全消費量の約15%、金額ベースでは66%を占めている。2000〜2001年頃のミレニアム期には世界的なワインブームで栓が不足する事態となった。それをビジネスチャンスと見た中国は自国産のコルクを売り込んだが、品質の悪さから市場への影響は少なかった。一方、人工コルクも生産されていたが、やはり天然物を超えるのは難しいようだ。日本には在来種のアベマキという樹皮の厚い樹木があり、かつてはコルクの代用品として利用されていたが現在、市場で見ることはない。

コルクの素晴らしさは先に述べたが、樹木としての二酸化炭素の吸収量はほかの樹木の3〜5倍とも言われる。このほか、一次使用後の端材や、使用後廃棄されるコルクも粉砕され、新たな製品に加工されている。

写真のジャスパー・モリソンによるスツールやサイドテーブルのシリーズ群はそうした粉砕コルクを成形して生まれたものだ。スイスのヴィトラ社が掲げるサスティナビリティの理念に沿って開発された製品だ。そうした理念や哲学を有しない企業はユーザーや市場から支持を得られることはなく、社会問題に無関心な企業は今後生き残れないだろう。

2004年｜Woodpecker Chair

ブランド：匠工芸
デザイナー：Päivi Mikola（ペイヴィ・ミッコラ）
素　　材：メープル
サ イ ズ：W57.5㎝×D66㎝×H84㎝、SH39㎝
塗　　装：ウレタンクリア
張　　地：ファブリック、キャラバン（合皮）

世の中にはさまざまな賞がある。あらゆる分野にわたり、その数は計り知れない。ノーベル賞やアカデミー賞など、誰もが耳にしたものから、私的な褒美の証としての賞まで多岐に存在する。それらに共通するのは、受賞者の功績を称え賞状やトロフィーの他に賞金などを授与することであろう。それだけに誰が見ても納得のいく客観的評価によって得られるもので、その確率は極めて低いものとなるのが一般的である。

わが国には世界に類を見ない「グッドデザイン賞」なるものが存在する。詳しくは「通商産業省選定グッドデザイン商品および施設（Gマーク商品および施設）」と言い、優れたデザインを社会に普遍・普及させるため昭和32年に設立、現在は（財）日本産業デザイン振興会により運営されている。この賞（制度）は法人の独立採算という立場からか、応募から賞の獲得まで、さまざまな名目で手数料を支払わなくてはならない賞である。そしてなんと賞金はもらえない。

例えば2024年時点では、一次審査の応募1件につき1万1000円（一般の相場は3千〜7千円で最終審査まで）。二次審査料は1件6万6000円。未発表作品の二次審査は非公開なので11万円。これら二次審査では展示スペース料や展示装飾料が請求される。そしてめでたく「グッドデザイン賞」に選ばれると、イヤーブック（年鑑本）に掲載されるが、ここでも1件につき掲載料を3万円も取られる（1冊は進呈）。さらに受賞作品を販売したり広告物として印刷する際、Gマークを使用すると1件につき22万円〜110万円もの使用料を支払う。この他にGマークのシールを商品に貼る場合も相応の料金を支払う。ここまでさまざまな費用を支払わなければならないと、つい主催者側の組織の維持と既得権益の保持のためではないかと思ってしまう。グッドデザイン賞は毎年1000点を超える数が与えられる（応募数は5500点以上）。かつて日本が先進国の優れたデザインを模倣していた頃に生まれた制度が、今の時代に必要なのか。審査にあたる人たちからもこうした問題点の指摘は多いと聞く。あまり声高に指摘すると、次回から審査委員の依頼が来ないという。公的な機関が主催するのであれば、税制面で優遇するとか補助金で助成するとかできないものであろうか。

写真の〈ウッドペッカーチェア〉、実はグッドデザイン賞に落選した作品である。私が初めてこの作品を見たときの感動は今も忘れない。単なるロッキングチェアではなく、前傾姿勢を保ちつつ会議などにも使える機能性など、安楽椅子を超えたものだ。この作品、フィンランドでは権威ある「フェニア賞・ホノラリー・メンションズ」を受賞している。

2005年 | bodum Double Wall Glass

ブランド：bodum（ボダム）
モ デ ル：PAVINAシリーズ（350ml）
素　　材：耐熱ガラス・シリコン
サ イ ズ：W8.8㎝×D8.8㎝×H11.6㎝

私たち人類は、その暮らしを少しでも便利で快適なものとするため、科学技術を進歩させさまざまなものを生み出してきた。そんな中から誕生したものに魔法瓶がある。中に入れた液体の保温、または保冷のための道具として、19世紀末にA・F・ヴァインホルトによって発明されたものだ。その後、デュワーにより改良されたモデルが発表されたことから、デュワー瓶とも呼ばれた。

　魔法瓶はガラスの2層の間の空気を抜き真空とし、空気による熱伝導を防ぐものだ。そしてガラスにはメッキ処理が施されていた。これは放射による熱伝導を遮る効果を考えてのものである。すなわち、外側の温度による放射を反射することで内側への熱吸収を防ぎ、また、内容物からの放射熱も反射することで内側に戻し、温度を一定に保つのだ。しかし、これらガラスの中瓶は衝撃に対して弱く、固形の氷を入れたり、落としたりすると割れることが多く、最近のものは内側の容器も金属製のものが主流となっている。魔法瓶にはその種類も多く、カップ2〜3杯分の小さな容量のものから、2〜3リットルも入る湯沸かし兼用の大型ポットまであり、今では日常生活に必要不可欠な道具になっている。

　2重構造による保温機能を利用したものには陶器製のものもある。１９５７年にデンマークのアクセル・ブルーエルがデザインした作品では、コーヒーポットやカップに見られる取っ手がない。直接持っても熱さは感じられず、極めてシンプルなデザインとなっている。また、登山用品にも同様のものがある。こちらは取っ手付きではあるが、ステンレス製の2重構造カップである。寒い高山でも中の液体を冷めにくくするためのものだ。こうした保温機能を有した製品は数多く、2重構造の中空部分に断熱材を入れたものもあった。しかし、真空のものに勝るものは見られない。

　これまでの2重構造が外見ではその構造が理解されにくいものであったのに対して、ここで紹介するデンマーク、ボダム社の〈ダブルウォールグラス〉は、その構造が見事に視覚化されており、中の液体があたかも宙に浮いているかのような様は、造形上のポイントにもなっている。この作品の中空部分は完全な真空ではないが、熱の伝導を遮り、熱いものを入れても、その熱さは立ち上る湯気からのみ感じるのだ。また、冷たい飲みものを入れた際に付きものの結露も付きにくい。高温のものや冷温による結露で生じるテーブル面への丸い染みは消し去ることが困難で、ソーサーやコースター、茶托が不可欠であった。しかし、このダブルウォールグラスは善しあしを別にして、これらの器に付きものの受け皿を不要なものとした。ある意味でのバリアフリーデザインと言えるものかもしれない。

2006年｜竹集成材家具

ブランド：Jurgen Lehl（ヨーガンレール）
デザイナー：Jurgen Lehl（ヨーガン・レール）
素　　材：竹集成材
サイズ：各種

世界的な温暖化は私たちの身の周りにおいても、さまざまなかたちで起こりつつあり、もはや遠い世界の問題とは言えないものであろう。そうした中での「ものづくり」を考えたとき、今後、エコロジーやエネルギー、資源などの問題を避けて通ることはできない。

古くから家具材として利用されてきた木は、森林を構成し、多くの生物の営みを支えてきた母体であり、環境面からも二酸化炭素の吸収など、人類のみならずすべての生き物の重要な財産とも言えよう。この財産とも言うべき森林、特に南米アマゾンや赤道アフリカ、東南アジアの熱帯雨林、それに極東ロシアのタイガの針葉樹林などの違法伐採による森林の減少が、近年深刻な問題となっている。

一方、わが国は世界的に見ても豊かな森林に恵まれた国である。しかし、その実体はおそまつな林野行政であり、皆伐と植林の繰り返しから、天然林、自然林は急速に姿を消しつつある。かつては北海道からは、良質の家具材「オタル・オーク」（小樽から輸出されたためこの名が付けられた）が、家具王国デンマークに輸出されていたのである。今ではそうした良材も枯渇してしまい、一部の家具メーカーでは百年後を見越して、ミズナラの植樹を毎年行っている。ミズナラ材をはじめ多くの家具に使われる落葉広葉樹は、家具材として使えるまでに60年以上もの年月を経なければならないという問題がある。そうした問題点を解決するひとつの方法として、ここ数年、家具材として注目され、利用され始めたものに竹がある。

竹はイネ科に属し、古代より食用として、またさまざまな生活用具や建材として利用されてきた。その成長の早さは他の樹木と異なり、わずか1年で成長し、3～4年もたてば諸々の道具やその材料として利用でき、さらにその繁殖力も旺盛である。こうしたメリットがありながら、これまで家具材としてあまり利用されてこなかったのは、他の樹木に比べ、ペントーザンをはじめ、アルコール分やたんぱく質が多いため微生物の栄養源となりやすく、その防虫・防かび加工や、集成材としての加工技術が未熟であったためと考えられる。

最近の環境意識の高まりもあり、その加工技術の進歩とともに、竹の集成材を用いた家具やフローリング材も見かけるようになった。写真のヨーガン・レールによるテーブルとスツールは、孟宗竹を使った集成材からつくられている。一見すると木の成形合板に見えるが、よく見ると素材の表情も美しく、その繊維は樹木のものと比較しても、決して劣ることがない丈夫なものである。中国では古くから、径の小さな竹を用いて、椅子やベンチを生み出し、日常の生活道具として使ってきた。そうした歴史を振り返るとき、モダンデザインの竹製家具が、それらを超えられるほどに普及するのか興味深いものだ。

2006年 | Multiholk

ブ ラ ン ド：WILDLIFE GARDEN（ワイルドライフガーデン）
素材・仕上げ：パイン無垢材（環境に配慮した塗料を使用）
サ　イ　ズ：W18.4㎝×D19.4㎝×H24.7㎝
カ　ラ　ー：各種

バードハウスと巣箱、欧米と日本ではその呼称も異なるように、人と野鳥との接し方も違う。欧米では野鳥を「翼を持った友人＝フェザードフレンド」と捉え、庭先やベランダにさまざまな野鳥を招き入れてきた。その歴史は古く、アメリカでは１４９２年、コロンブスが新大陸を発見したとき、先住民たちはすでに瓢箪《ひょうたん》を使ったパープル・マーチン（ムラサキツバメ）のための巣箱を吊るしていたことが知られている。また、１６２０年、新天地を目指してイギリスを出港したピルグリムファーザーズの一行がプリマスに到着したが、寒さと飢えのため多くが亡くなってしまった。そのとき、彼等を助けたのが先住民ワンパノアグ族で、彼等から瓢箪製の巣箱を教わり、パープル・マーチンの保護に努めたのである。開拓者にとって野鳥は寂しさを慰めてくれる友であり、そうした友達のために瓢箪型の巣箱から、故郷の家や教会を模したデザインのバードハウスへと多種多様なテーマのものが現れ、美しいバードハウスやバードフィーダー（餌台）が全米各地に広まり、今では一億人もの愛鳥家がいると考えられる。

一方、ヨーロッパではオランダの画家、ピーテル・ブリューゲルの１５６０年頃の銅版画に壺型のものが描かれているが、こちらはムクドリを捕食するためのものであった。野鳥保護の代表的な人物として知られるのは、ドイツ、ゼーバッハ地方のベルレプシュ男爵である。53ヘクタールもの敷地をバードサンクチュアリとし、給餌場や水場を設け、３０００個もの巣箱を架けて野鳥保護に努めた。１９０５年、同地方に大量発生した害虫による蚕食被害から逃れたのは、男爵の敷地内だけであった。

日本における野鳥研究は１８７７年、東京大学のアメリカ人教師たちによって始められた。その後、同大学教授・飯島 魁《いさお》氏は１９１２年、日本鳥学会を創設し、初代会長となった。さらに１９１６年にはベルレプシュ男爵にならい、内田清之助氏たちによって、盛岡高等農林学校（現岩手大学）演習林において巣箱架設実験が行われた。１９３４年には詩歌人の中西悟堂氏により、日本野鳥の会が創設された。しかし、これらの動きはいずれもアメリカのそれとはやや異なり、野鳥保護の名のもとに、害虫駆除、森林保護を目的とした感がある。

ここで紹介するスウェーデンのワイルドライフガーデン社のバードハウス〈マルチホーク〉は、野鳥に対する愛鳥家の想いが伝わってくるものだ。欧米では公園や庭先で必ず見かけるリスや野鳥と人々との微笑ましい交流の場面は、見ている側をも幸せな気分に浸らせてくれるものだ。野鳥との信頼関係が築かれるとやがて手の平からでも餌をついばんでくれる。冬の庭先にも至福の時間があることを知ってほしいものだ。

2007年 | Nobody

デザイナー：Poul Christiansen＆Boris Berlin（ポール・クリスチャンセン＆ボリス・ベルリン）
素　　材：PETフェルト
サ イ ズ：Nobody／W58㎝×D71㎝×H78㎝、SH46㎝、Little Nobody／W42㎝×D40㎝×H46㎝、SH32㎝
カ ラ ー：ライトグレー、ダークグレー

私たち人類は、現在、地球2個分の資源を使っていると言われていて、その多くは先進国や新興国で消費されている。あらゆるものは地球の何らかの物質を使って生み出されており、それらはいずれ廃棄されてしまう。その際、有機物（動物や植物に由来する物質で、炭素を含む化合物）のようにやがて土に還元されるものは地球環境にとって害を及ぼすことは少ない。しかし、太古の昔に植物であったものが変化し石油となり、それを化学的に変化させた多くのプラスチック素材は、そのままでは土に還元されることはなく、自然界において環境や生態系に大きな問題を引き起こしている。

　プラスチックはさまざまな産業で使われており、いまやプラスチック素材がない世の中など考えられないほどである。安価なため、包装資材として大量に使われ、そして廃棄される。自動車の部品のように100パーセント近くが再処理され新たな部品になる例や、ペットボトルや食品用の発泡スチレンの皿など、分別回収され、再び資源として利用されることも多くなっている。しかし、まだまだ日本ではその回収率は低いのが現実だ。交差点脇の草むらや、北海道など雪の多い地方では、春の雪融け後の道路脇にはおびただしい数のコンビニエンスストアの弁当容器や空き缶、ペットボトル類が姿を現す。ドイツや北欧ではこうした光景は見られない。それは瓶や缶、ペットボトルなどにデポジット制度が取り入れられているためだ。商品としての飲料水やビール、ワインなどをあらかじめ容器代を含めた価格で販売し、それらを購入した人が空の容器を決められた場所や専用の回収機に入れると、容器代が返却される制度だ。日本でも一升瓶やビール瓶を購入した酒店に持っていくとその代金を返却してくれたが、最近はあまり見かけない。日本でデポジット制度が普及しないのは、容器代を明記すると商品価格が高いと感じられ、売り上げに影響を及ぼすと考えられているためだ。

　写真の〈ノーボディ〉という名のチェアは、ペットボトルなどの廃棄プラスチックをリサイクルしたものである。この椅子の表面のテクスチャーを見ると、自動車のトランクスペースの内装材と同じことに気付く。プラスチック特有のツルっとした感触ではなく、化学素材でありながら、温かみが感じられる質感である。強度が求められる部分には曲面を持たせ、椅子としての耐久性を担保している。また、一体成形で抜き型にも配慮し、大量生産を可能にしており、積み重ねもできる極めて優れた椅子である。無名性をその商品名としているが、その意図は日本の世界的ブランド、無印良品を連想してしまう。この作品のデザインは環境意識の高い国だからこそ生まれたものと言えよう。低価格ではあるが、チープさは微塵も感じられない作品だ。

2009年 ｜ アップライト

メーカー：豊橋木工
デザイナー：朝倉芳満
素　　材：フレーム／ビーチ合板、貫／ブナ、座面カバー／ポリエステル100%（布地）・PVC（合成皮革）
塗　　装：ウレタン樹脂塗装、オイル塗装
サ イ ズ：W46㎝×D55〜63㎝×H83㎝
カラー（本体・ベビーシート）：
ナチュラル、フロスト、ホワイト、ペブル、アクアブルー、アイアンブラック、キャメル、チョコレート、オイル、ウォールナット

　椅子についての講演を依頼されることがある。その際、質疑で「椅子を購入するにはどのような椅子を選べばいいのか？」という質問を受ける。椅子には使用目的があり、それぞれの目的に合致した選び方を私なりに説明させていただくが、いずれの椅子についても共通している点として、理想の掛け心地は存在しないことをお伝えする。それは特別注文で使用者の体型に合わせたあつらえの椅子でも同様である。人間の身体というのは24時間、常に変化をしており、そのため十分に睡眠を取った朝の体調と、日中身体を酷使した後の体調には大きな差がある。疲れた身体を休めたいときに掛ける椅子は、機能性に問題があっても掛け心地はよく感じるものだ。また、人間はすべて体格や体重が異なり、量産を前提とした製品では、それを使用する対象年齢のおおよその平均的な数値を基に製品の開発を行う。ひとつのモデルを百人百様の体型の人が使うわけである。そのため、ある人には掛け心地が良かったり、悪かったりするのだ。

　椅子というものはデザインにおいても製作においても、家具の中で最も難易度の高いものだ。それは椅子に掛ける人のあらゆる掛け方、使い方に対応できる強度と安全性を担保しなければならないこと。そして掛け心地という機能性を満たさなければならないこと。さらに見た目の美しさ、審美性を備えていなければならないことに加え、量産性、経済性も優位性が求められるのだ。こうした諸々の高いハードルは他の家具にはない厳しいものと言えよう。そうしたハードルをクリアし、20年、30年と生産され続けたものだけが名作椅子と呼ばれるのだろう。

　そして、「子どもたちの姿勢を守る椅子＝アップライト」は今後、名作椅子の仲間入りをすると確信できるものだ。この椅子は2007年、子どもたちの姿勢の悪さを改善したいとの思いから製品ディレクターの柴原孝氏と家具デザイナーの朝倉芳満氏、それに豊橋木工の三者によって実現したものだ。製品として完成するまでには多くの困難があり、試作を繰り返し、少しずつ諸問題を解決し、20ヵ月をかけて初号モデルを生み出した。その後も3度の改良を加え現行品に至っている。開発に多くの時間と労力を費やしたものは、それに比例して完成度が高く、かつ製品寿命が長いことは過去の名作椅子の例からも明らかである。このアップライトは座面の高さ（14段階変化）やベビーシート、足台などを用いることで生後7ヵ月の幼児から大人まで使える。あくまで使用者の立場に立ったものづくりの思想は、誠実さと丁寧さに裏打ちされている。18年間保証をうたっているのは品質に対する誇りであろう。これまでに修理をしたのはわずか5脚のみという数に驚きを覚える。ファストな家具や新作主義を繰り返すのではなく、社会の問題点に正面から取り組む愚直なものづくりの姿勢はまさに椅子と人の姿勢につながるものだ。

2012年｜MINOX Digital Spy Camera

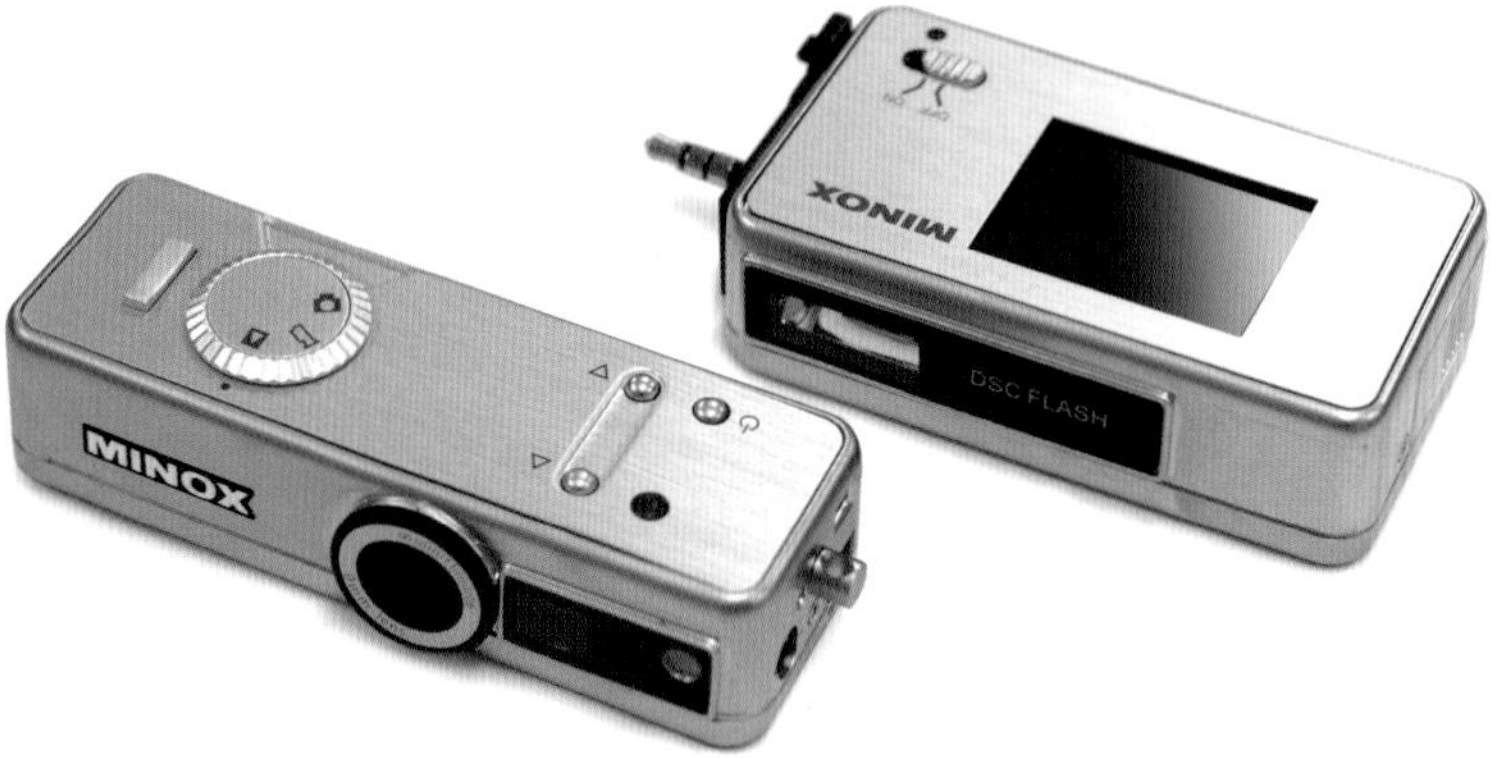

ブランド：MINOX（ミノックス）
モデル：DSC Silver
サイズ：本体／W3㎝×H2.1㎝×L8.6㎝、モニター・フラッシュユニット／W4.1㎝×H2.1㎝×L9.1㎝

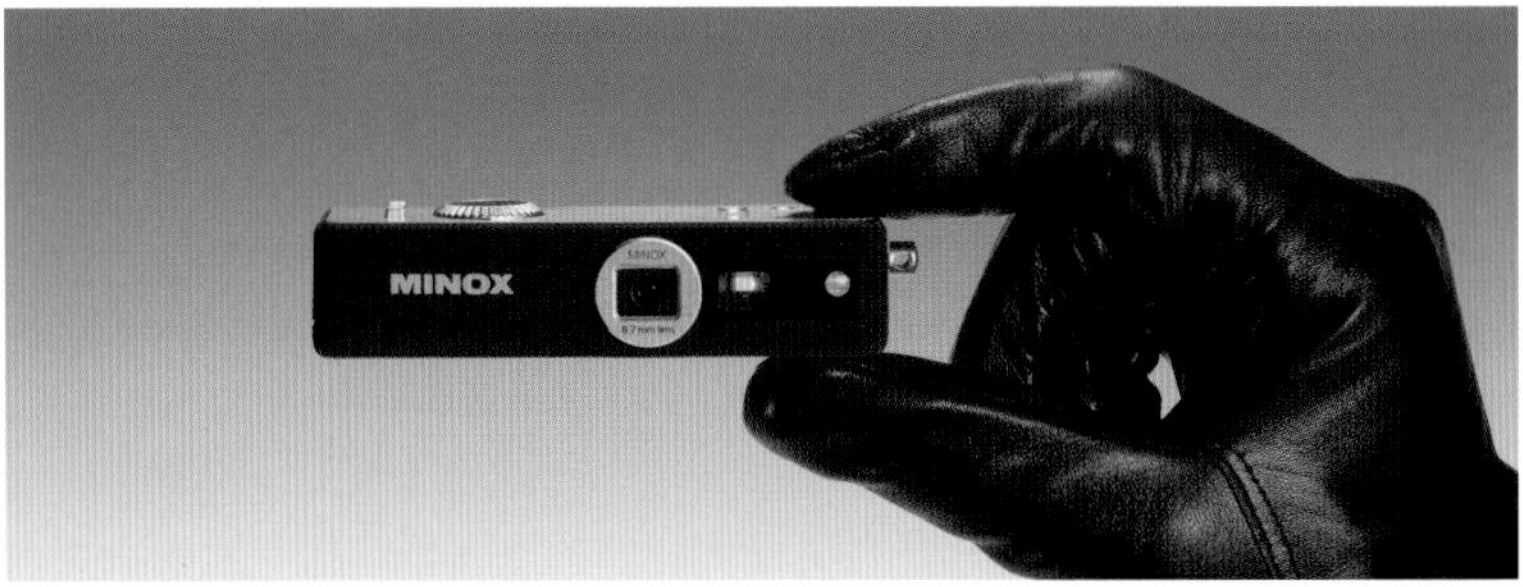

第二次産業革命と言われるITに関する分野の発展には目を瞠るものがある。その先端技術の進歩は、人類の進化をはるかに上回り、私のようなアナログ人間にはとても追いつけそうにない。そうした科学技術は私たちの生活をより便利に、快適なものとしてきた。しかし一方で、それまでになかったさまざまな犯罪も生まれており、インターネットを使ったさまざまな犯罪は日常茶飯事だ。そのほかに、最近、新聞やテレビのニュースでよく取り上げられる事件として、公務員や大企業の社員、さらに教員などによる盗撮がある。このような事件はかつてはあまり見かけられなかった。こうした事件を誘引するのがデジタル技術を使った超小型カメラの登場であろう。極小のマイクロチップにはアナログでは成し得なかった多くの機能やメカニズムが内包されており、良識をもった一般人には考えも及ばない狡猾な知恵を生み出している。便利さや機能性が理性という心のいましめを解いてしまっているのかもしれない。

他人に気付かれずにこっそりと撮影をする行為は、かつてスパイにより行われていたものだ。戦時下では敵の情報を収集するために巧妙なスパイカメラが考案された。それらはステッキやライター、万年筆などに組み込まれ、諜報活動の重要な武器となっていた。

写真のミノックスのスパイカメラもそうした中から生まれたものだ。１９３６年、ラトビアでヴァルター・ザップ（１９０５〜２００３年）によって考案された。戦時中に活躍したこのカメラは、終戦後の平和な時代になって、その機能性とコンパクトさから商品化され、カメラマニアの間では高い評価を得ていた。

初号モデルから基本的な部分は変わらなかったが、そのコンパクトさゆえにフィルムは8ミリ映写フィルムを暗室でカットして使わなければならなかった。その後、専用のフィルムやビュア、引き伸ばし機、現像セットなど、マニアにとってはたまらないツールがそろったのである。60年代から70年代にかけては同好会や、ミノックスのスパイカメラで撮影された写真展も開催されたように記憶している。

ミノックスのスパイカメラは、フィルムカメラとしては、その小さなボディにさまざまなメカニズムを搭載していたが、やはり35ミリや6×6などのフィルムサイズの解像度には及ばなかった。しかし、デジタル技術が採用されてからはそれまでのハンディキャップはすべて取り除かれ、モニターユニットを取り付けることで一般的なサイズのデジタルカメラに引けをとらない能力を手に入れたのである。往年の名機がデジタルカメラとして登場したことは、マニアのみならず、一般の人たちにミノックスの画像世界を大きく広げてくれたことでもある。

2012年｜Pure Black Knife Series

ブランド：STELTON（ステルトン）
デザイナー：Sebastian Holmbäck & Ulrik Nordentoft（セバスチャン・ホルムバック＆ウルリック・ノーデントフト）
素　　材：ステンレスクロム、ポリエステル系樹脂コーティング
サ イ ズ：各種（シリーズ多数。写真は25㎝・36㎝タイプ）

人類の進化を促したことの最大の要因は、道具を発明したことであろう。動物を獲る際の槍の先端や矢に取り付ける矢尻、そして捕獲した獲物を解体するための石斧や石包丁など、黒耀石を鹿の角などで加工した石器は、食物の加工だけにとどまらず、生活のあらゆる場面で使われ、暮らしを豊かなものにしたのだ。

さまざまな物体を人間の手の力だけで加工するためには、さまざまな動作が必要である。そうした動作は、道具を最も使いやすく加工することで道具の機能性を生み出したのである。

手で道具を製作する際の動作には、打つ、叩く、砕く、潰す、碾《ひ》く、搾る、割る、裂く、彫る、削ぐ、削る、穿《うが》つなどの動詞がある。このほか、刃物で物質を切る行為にもいくつもの動詞がある。「挽く」はのこぎりを使って切る場合に、「刻む」は小さく切る場合に、「截る」はハサミで紙や布を切る場合に、そして「伐る」は樹木を倒す際に、さらに、「斬る」は刀などで人を切る際に使われるが、これら「きる」行為を総して「切る」という言葉が使われることが多い。

こうした切る道具としての刃物には、荷重をかけて切る押し切りタイプと、刃に平行に引きながら切るタイプの2通りがある。このタイプの違いを間違えるとけがをすることになる。例えば、カミソリは髭に対して直角方向から引く（押す）のが正しいが、これを横に引いてしまうと肌を傷つけてしまう。

また、西洋と日本の刃物（特に包丁）では大きな違いがある。和包丁では本焼き包丁と呼ばれるもので、柄以外の部分がすべて鋼で出来ている全鋼包丁や、片面のみ付け鋼と呼ばれる鋼を使用した片刃包丁、刃の部分にだけ鋼を入れた割り込み包丁、さらに中心部分に鋼を使い、その側面を鉄板で覆った3枚合わせ包丁がある。これら付け鋼、割り込み、3枚合わせを総称して合わせ包丁と呼ぶ。つまり和包丁は使途に合わせて刃の部分に鋼を使用しているのだ。また、刃の部分を研ぐ際、片方だけを砥石《といし》に当てて研ぐ片刃と、両側を砥石に当てて研ぐ諸刃《もろは》（両刃）がある。諸刃包丁は基本的に断面の形状が対称形になっている。洋包丁はほぼすべてが諸刃であり、全鋼製である。

デンマークのステルトン社は、アルネ・ヤコブセンのシリンダー・ラインシリーズで世界に知られたプロダクトメーカーである。写真の〈ピュアブラックナイフシリーズ〉はホルムバックとノーデントフトの2人のデザイナーによって発表されたものだ。柄も刃も一体となっており、さらに全体が黒いマット仕上げのため、極めてシャープな印象を受ける。マグネット製のナイフホルダーもあり、白色のホルダーは白壁に同化し、あたかもナイフが壁に貼り付けられたかのように見せてくれる。刃物と言えば恐ろしい、怖い印象であるが、このナイフはアートオブジェのようでもある。

2015年 ｜ 楕円の飯台

ブランド：山一
素　材：本体・蓋／天然木（木曽サワラ）、箍（たが）／銅
サイズ：本体（大）／約W38.5㎝×D26.5㎝×H7.3㎝、蓋（大）／約W39.5㎝×D27.5㎝×H0.5㎝
本体（小）／約W33.5㎝×D22.5㎝×H7.3㎝、蓋（小）／約W34.5㎝×D23.5㎝×H0.5㎝

ものの寿命にはいくつかの要素がある。それらの要素のどれか1つでも欠けるとたちまちものとしての役割を終える。その1つ目は強度(構造)である。構造上の欠陥は致命的なものとなるため、ものづくりの現場では特に注意が必要である。2つ目は素材である。さまざまな素材が適材適所に使われることで、その寿命は長いものとなる。しかし、石油系のウレタンやプラスチック素材は経年劣化が著しく、ある一定の年数を経ると突然破綻を来すことがある。3つ目は機能性である。機能に問題が生じるのは複合的な要因からの場合が多い。例えば椅子を例にとると、背や座のクッション材が反発力を失ったり、各部の接合部の不具合などで掛け心地が悪くなるのがこれに当たる。4つ目はデザインである。流行の形や色に捉われたりしたものは、その流行が過ぎ去ってしまうと急に見すぼらしく見えてしまう。また、あまりにも先鋭的なデザインも時の経過とともに飽きられてしまうものだ。5つ目に考えられるのが情熱ではないだろうか。つくり手の情熱、そしてそれを販売する側の情熱、さらにそれらを購入した後、大切に使う情熱である。これらの要素を兼ね備えたものは必然的に寿命の長いものとなるのだ。

かつて日本では日常で使われる日用品の多くが職人の手によって生み出された。そうしたものの中には、長く使う中で破損したり、機能面で問題を生じるものもあった。しかし、そんな場合でもほとんどの分野でそれらを補修する専門の職人がいた。傘の張り替えや、のこぎりの目立て、包丁の研ぎ、鍋の穴をふさぐ鋳掛け、布団の綿の打ち直し等々がある。中には陶器の金継ぎのように修復することで新たな価値を生み出すものさえあったのだ。こうした修理・修復の文化は日本独特のものと言えよう。

写真のサワラ材を使った〈楕円形の飯台〉は、日本人の美意識を見事に具現化したものだ。

古くから日本人は素材の持ち味を生かし、形態を単純化するのに長けた民族である。こうした美意識は北欧の人たちが生み出すハンディクラフトの製品にも共通するものだ。かつて日本のほぼすべての家庭にあったヒノキ材やサワラ材を使った多様な桶類。それらの桶は使い方を間違わなければ数十年も使えるものだ。現在では寿司店や割烹御用達の感があるが、もっと家庭用に見直されていいと思う。古くから使われてきたものには少しの手間をかけてもいい面が多くあるはずだ。そして、便利で快適な電化された現代生活では得られない小さな気付きや感動がある。熟達した職人の手によって生み出された美しい日用品には、使う人に美しい振る舞いを要求する力が備わっている。それは結果的に暮らし上手な人を生み出すのだ。伝統工芸と呼ばれるものの中には失われゆくものも多い。しかし、それらは使うことで将来に残し伝えられるだろう。「使えば残る」という意識を肝に銘じたいものだ。

2016年｜Ombria Series

ブランド：KÄHLER(ケーラー)
デザイナー：Anders Arhoj(アナス・アーホイ)

ボウル
素　　材：ストーンウェア
サ イ ズ：Φ12.3cm、H5.5cm／Φ15cm、H7.5cm
カ ラ ー：グラナイトグリーン、マーブルホワイ、ムーンライトブルー、スレートグレー
プレート
素材　　：ストーンウェア
サ イ ズ：Φ22cm、H1.2cm／Φ27cm、H1.4cm
カ ラ ー：グラナイトグリーン、マーブルホワイ、ムーンライトブルー、スレートグレー

世界にはそれぞれの地域に生まれた食文化が存在する。それらは季節や地理的な条件のほかに、宗教などの影響により生まれたものだ。その食に対する価値観も多様で、中には尋常ではない刺激的な辛さを好む人々もいる。一方、臭いの強い発酵食品も世界各地に見られる。スウェーデンのイワシを発酵させた缶詰シュールストレミングは、その発酵のため缶が膨らんでおり、その缶を開けるときはビニール袋の中に入れ、中の液が飛び散らないよう厳重な注意のもとで行われる。また、果物の王様と言われるドリアンの臭いは強烈で飛行機の客室への持ち込みは禁止されている。こうした辛さや臭いをうまさと認識する人たちにとってはそれは虜となるようだ。

日本の食文化の中にもわさびやからしのような辛い食材や、なれ寿しやくさやのように独特な臭いの食物も存在する。日本では「食を五感で味わう」と言われる。味覚はもちろん、食材の盛り付けや器とのバランスなど視覚でも味わう。また、そこに盛られた食材が採れた自然界に想いをはせ、その地での音色をも喚起させる。野菜などは原種に近いものは味や香りが強いと言われる。料理人はその調理にあたり、包丁や箸、さらに手指を使い食材を取りさばき、整えていく。その際には触覚はもとより、五感のすべてを集中して事に当たるのだ。その繊細さはフランス料理に勝るとも劣らない。そのような日本の食に関わる世界では、食材の生産者はもとより、卸し、仲卸し、小売り、調理人に至るまで、それぞれの領域で一流と言われる人たちが携わる。

日本の食文化において旬という要素も極めて重要なものである。食材には初物と言われ、季節を先取りする考え方があり、一般に出回るより早いため希少性がある。初摘みの緑茶や、南方から北上して来る初鰹など、初のつく食材は粋人に好まれてきた。食材が旬を迎えると栄養価が高くなり、脂の乗りが良く最も美味になり、さらに食材の見栄えも立派になる。しかも季節に合っていることからより多く収穫でき、価格も手頃なものになる。旬が終わる頃になると日本ではそれに合わせた食材の名がある。もどり鰹や落ち鮎などがそれにあたる。食材を季節ごとに見ると、春の食材は栄養素に豊み、夏は体を冷ますもの、秋は体を肥やし、冬は体を暖める効果がある。このようなことから季節に合ったさまざまな調理法が生まれたのだ。

ここで紹介するケーラーはデンマークの陶磁器メーカーとして１８３９年に創業した。「人の暮らしをより美しく、豊かに」との理念のもと、生活の中に高い芸術性を秘めた製品を発表している。写真の〈オンブリアシリーズ〉はアナス・アーホイのデザインによるもので、日本の陶磁器からの影響がうかがえるものだ。この作品のみならず、デンマークの美術や工芸、デザインには「日本的なるもの」が多い。こんな器にこそ和食を盛り付けたい。

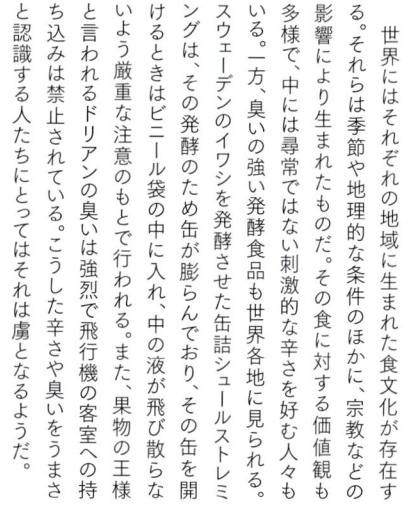

2016年 | Panthella 250 Table

ブランド：louis poulsen（ルイスポールセン）
デザイナー：Verner Panton（ヴァーナー・パントン）
素材：シェード／スティールまたはアクリル、ベース／アルミ
サイズ：H33.5㎝、Φ25㎝

デザインといえば、日本では一般的にものの形や色を要素として造形化することと捉えられているようだ。しかし、デザインの本来の意味は極めて広範囲なものである。辞書によると、「①下絵。素描。図案。②意匠計画。生活に必要な製品を製作するにあたり、その材質・機能・技術および美的造形性などの諸要素と、生産・消費面からの各種の要求を検討・調整する総合的造形計画(岩波書店・広辞苑より)」とある。いずれもこれから生み出すものを指している。さらに、デザインは「より多くの人たちのために」という前提条件も有しており、「暮らしに深く関わり、審美的で機能的な満足感を与えるもの」でなければならない。加えて、客観性や論理性までも求められるハードルの高い分野である。

プロダクト(製品)デザインを行う際、大別すると、2つのアプローチが考えられる。すなわち使用者を想定し、使い手の立場になり、使いやすさに重きを置く方法である。これは機能主義デザインと言えるものであろう。一方、デザイナーの個性や形に対する強いこだわりを優先して製作に入る方法もある。いわば造形主義的デザインとも呼べるものだ。

デンマークでは『デンマーク近代家具デザインの父』と呼ばれたコーア・クリントによって機能性と審美性を併せ持つデザイン理論が提唱され、その考え方は現在も主流となっている。そんな中で独自の造形性を前面に打ち出したデザイナーたちがいた。ヨルゲン&ナナ・ディッツェルやヴァーナー・パントンである。

パントンは、デンマークデザイン界にあって異端の存在であった。機能性から生まれる有機的フォルムのデンマークデザインの中にあって、彼のデザインは無機的な幾何学的形態をキーワードとした。丸・三角・四角などの抽象形態を強調したデザインを次々と発表したのだ。また、椅子のデザインにおいてはそれまでの既成概念を打ち破るかのような宙に吊り下げられる構造や、置き方を変えることで異なる姿勢の椅子などユニークなデザインを生み出した。さらに家具やインテリアの分野にそれまでになかったファッション的とも言える色彩の要素を取り入れたことも見逃せない。部屋全体をカラフルな色に塗装したり、装置とも呼べる家具や照明器具にもさまざまな色を施したのである。デンマークのデザインといえば素材の持ち味を生かしたもの、あるいはモダンデザインといえば白や黒、グレーなどが当たり前の時代に世界を驚かせたデザインであった。

写真のテーブルランプは、ルイスポールセン社のこれまでの定番モデルを、より多くの場所で使いやすいサイズにスケールダウンしたものだ。光源が目に入らない工夫や、それまでにない色を加え、多様なカラーバリエーションから選ぶことができる。

2017年 | 124° Mirror

ブ ラ ン ド ： Artek（アルテック）
デザイナー ： Daniel Rybakken（ダニエル・リーバッケン）
素材・仕上げ ： アルミニウム（アルマイト）、ステンレス（ポリッシュ）、アッシュ（ラッカー）
サ イ ズ ： W42cm×D18cm×H35cm（ミディアム）

太古の昔、人類の祖先が水面に映る自身の姿を見たときの驚きはどれほどのものであっただろうか。自分の外見を知らない者が自分自身だと認識するためには、表情の変化や仕草など、その確認作業を要したに違いない。

鏡は銅製鉢に水を張った鑑と呼ばれ、紀元前5世紀頃まで中国で使われていた。一方、金属製のものとしては銅製の鏡が古代エジプト第11王朝の頃に発明され、その後、地中海や中近東を経て各地域に伝わっていった。しかし、東洋の鏡においてはシベリアのスキタイ系のものが最も古いとされている。中国の銅鏡は周王朝の晩期、紀元前5~3世紀頃から鋳銅製のものが多く見られるようになった。中国の鋳銅技術は特に優れており、スズを多く含んでおり、美しい鏡面を生み出した。さらに鏡面を湾曲させて顔全体が映るような工夫も見られた。

日本に中国の銅鏡が伝わったのは前漢時代であるが、最も多く見られるのは後漢のものだ。中でも三国時代の三角縁神獣鏡は有名なものであり、これらは実用品とは言い難く、そのほぼすべてが神聖な神物となり、魔除けの対象となった。日本においては三種の神器と称され神聖視されており、鏡は尊いものであり、鏡面には必ず蓋がかけられていた。そうしたことから鏡に映った自身の顔や姿を平然と眺められるようになったのは、実は遠い昔のことではなかった。

日本で銅鏡が一般大衆に受け入れられ、鏡面を磨く専門の磨師が鎌倉時代に現れ、江戸時代になると梅酢や砥の粉、水銀などを合わせた材料で磨いたようだ。

ガラスの鏡が発明されたのは15世紀イタリアのベネチアであった。鍍錫法という技法によって銅鏡にはない美しい鮮明さを生み出すことになった。17世紀になるとガラスの球吹法から、溶けたガラスを板状に流す方法に改良され、より大きな鏡が生まれた。１６７８~８４年にはベルサイユ宮殿に「鏡の間」がつくられた。鏡は個人の顔を映すものから、クローゼットの扉などに使われるインテリアの構成要素の領域にまで広がった。また、単に対象物を映すだけにとどまらず、その特徴を生かした万華鏡のほか、太陽光を反射し発電する仕組みなど、今日では工学分野でその可能性が注目されている。

ここで紹介するのは、ノルウェーの若手デザイナー、ダニエル・リーバッケンのもの。〈１２４度ミラー〉と名付けられた鏡のシリーズである。１２４度に開かれた面の鏡から構成されたもので、2枚の鏡で映る景色が変化することは、誰もが経験したことがあるだろう。この鏡は１２４度に設定した角度により、正面から覗き込んでも自らの姿は映らないマジックのような鏡である。鏡という四次元的な空間の広がりを使ったユニークな作品は過去にもあったが、リーバッケンのこの作品はこれまでにないユニークなものだ。壁面に設置するだけでなく、自立するため棚に置くこともできる。光を反射する小さな鏡で遊んだことを想起させるものだ。

2017年｜Virus

ブランド：extremis（エクストレミス）
デザイナー：Dirk Wynants（ディルク・ワイナンツ）
素　材：天板／溶融Zn-Al-Mg系合金（パウダーコーティング）、座面／アルミ（パウダーコーティング）、脚／ステンレス（パウダーコーティング）
サイズ：3人掛け／Φ160㎝×H74㎝、SH44㎝、4人掛け／Φ170㎝×H74㎝、SH44㎝、5人掛け／Φ180㎝×H74㎝、SH44㎝

地球上に存在する、ありとあらゆる生物のほぼすべてが、太陽の光と熱、大気中の酸素、そして飲んだり、地中から吸収するための水を必要とする。そのいずれかひとつでもなければ生物のほとんどが死滅する。しかしながら、これらの欠かせない要素は、時と場合によっては、ありとあらゆる生命や物質を破壊してしまうものでもある。太陽光の紫外線は一定量を超えると物質を劣化させたり、人体に大きなダメージを与える。また、空気中の酸素は金属や食物を酸化させてしまう。水もまたその量の増減により環境に大きな負荷を与えるし、多くの物質を時間をかけて浸食していくパワーを有している。

人類は科学技術の進歩とともにそうした必要不可欠な自然界の要素を巧みに利用したり、それからのダメージコントロールを行ってきた。そうした例は私たちの実生活の中でも至るところに見られる。そんな一例が屋外で使用するための家具である。一般に木製の屋外用の家具には防腐処理がなされた材料が使用されるが、防腐剤の効果はあまり長期間ではなく、まめに物置などから出し入れして使うべきであろう。また、最近はキャンプなどアウトドアで使用する家具類が多種多様にあり、手軽に入手できる。それらの多くは持ち運びに便利なアルミニウムのパイプフレームに化学繊維のシートを張ったものだ。毎日使用するというよりも、年に数回のレジャー目的のものであり、使用頻度が少ない分、あまり強度の高いものではない。一方、公園のベンチ等に見られる設置式のものは鋳鉄製のフレームに交換可能な板材や樹脂製のものが多い。一般的にスチールフレーム製のアウトドア用の家具には耐光・耐水性の高い塗装を施し、錆止めを兼ねたものだ。いずれのタイプも一長一短で優れた製品は少ない。

ここで紹介するアウトドア用の家具〈ウイルス〉は、テーブルと椅子が一体化されたものだ。これらのシリーズと同じ発想のものとして、フランスのジャン・プルーヴェの学童用の家具があった。また、日本でも学生食堂用の家具に同様のものが見られた。

この作品をデザインしたのはベルギー人のディルク・ワイナンツである。彼は家具職人の子として生まれ、ゲント市のセントルーカス建築大学の家具デザイン学科で学んだ。家具会社の営業を務め、市場のニーズを把握した後、１９９４年アウドドア家具に特化したブランド、エクストレミス（過激主義）を創設。自らデザインの中心的な活動を行い、次々と革新的な作品を発表した。それまでアウトドア用の家具といえば、あまりデザイン性の高いものがなかっただけに高評価を得た。そして世界的に注目された建築物や企業で採用されたのである。２００６年には自身のデザインスタジオ、ディルク・ワイナンツ・デザイン・ワークを設立している。

全天候型のアイデアに注力した結果、オフィスのコミュニケーションスペースなどにも向いており、注目される家具だ。

Vitra Miniatures Collection

ブ ラ ン ド ：Vitra（ヴィトラ）
デザイナー ：Vitra Design Museum（ヴィトラデザインミュージアム）

人には好きなものや事がある。私の人生を振り返ってみると、幼少期の切手やコインの収集に始まり、年齢とともに鉱物や化石にその対象を広げていった。こうしたものを収集するのは精神的に貧しいのかも知れない。しかし、ひとつのものや事を好きになり、そうした行為を続けることでその分野の権威になることもある。ただ、そうした高処に到達するためには大変な努力と時間と経費や周りの人たちの理解が必要であろう。また、そうして得た知見や知識、資料、収集品等々を文献や記事としてまとめ広く世間へ発表したり、後世に残すことも重要だ。しかし、多くは個人の中でしまったまま人生を終えるのではないだろうか。要は周りの人たちに迷惑をかけないことである。

私の場合、大学生の頃から椅子の魅力にとりつかれいつの間にか椅子の研究者となってしまった。その数は1400種類を超え、その資料は数万点にのぼり、さらに椅子以外の20世紀のデザイン史に残る日用品の数も膨大である。

現代の日本人の暮らしを概観したとき、衣・食・住のすべてがファスト製品に支配されているように思えてならない。そうした製品は低価格の裏にさまざまな問題をはらんでいる。寿命の短いものはしょせん間に合わせのものである。本当に品質の良い、安全で飽きのこない、それを所有することで誇りを持てるような、そんな本物の素晴らしさを若い人たちに知ってほしいものだ。私は人生のほとんどをモダンデザインのために費やしてきた。最終的な目標としては日本初のデザインミュージアムの創設である。趣味・道楽もある一線を越えたとき文化になることを知ってほしい。

ここで紹介するのは、椅子のスケールモデル(ミニチュア)のコレクションである。ドイツのヴィトラデザインミュージアムで販売されているもので、実物と見まがうほどの完成度である。

それもそのはずで、実物と同じ素材や工法により6分の1サイズで製作されているのだ。そのためミニチュアと言えど高価であり、作品によっては国産のダイニングチェアよりも高額である。ミニチュアであれば小さいため場所をとることなく、少しずつ買い足していく楽しみもある。また、実物を購入しその傍らに置くのもいいだろう。手先の器用な人なら現在使用中の椅子を実測し、ミニチュアを製作してみるのもいいだろう。そうすることで作家のデザイン意図や、職人の技術を理解することにつながるのではないだろうか。

最近日本では、ものや事に対して無関心な人たちが多いように感じる。そしてものに対してこだわりがない、言わば人とものの接点が希薄な時代になっているように思われることがある。人間なら誰も持っている「好き」や「興味」は知的好奇心をそそり、自身の教養を高め、人生を豊かにしてくれるものだ。人とものの関係を見直すべきときかもしれない。

ダウンソックス

ブランド：Engmo Dun（エングモ・デューン）
デザイナー：Margot Barolo（マーゴット・バローロ）
素材：側地／綿100％、中身／ダウン80％・フェザー20％
サイズ：W12㎝×D29㎝×H31㎝／22～27㎝に対応

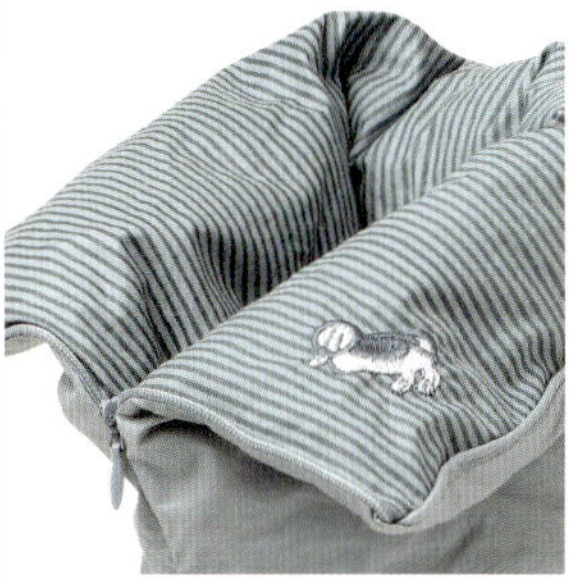

人類の祖先が太古の昔、４本足歩行から２本足歩行へと移行した頃は、体毛も長く、寒さにも耐えられた。しかし人類はその進化とともに道具を発明し、身の周りの動物や植物を利活用し、自らの身体を保護し、より安全で快適な暮らしを求めてきた。そうした中にはさまざまな野鳥も利用された。その羽根は権力を象徴する儀式での装飾用に、羽毛はその軽さと保温性の高さから防寒用具として、さらにその肉は食用に利用されたのである。

かつて、日本では鳥島や聟島《むこじま》などに生息していたアホウドリの羽毛を採取するため大量に捕殺した歴史がある。１８８７〜１９３６年まで、２つの島が禁猟区に指定されるまで、わずか50年ほどの間に６３０万羽以上ものアホウドリが殺された。さらに１９３９年には、鳥島の火山噴火によりアホウドリは絶滅したものと思われていたが、１９５１年、鳥島での繁殖が確認され、保護活動の結果、４０００羽ほどが確認されている。人類の愚かさを象徴する行為である。

一方、北欧ではこれとまったく逆のことが古くから行われてきた。アイスランドでは１０００年以上もの昔からホンケワタガモの羽毛を採取するため、その鳥を殺すことなく大切に守り、１７２０年からは法律で保護されている。アイスランド西岸では、一軒の農家が３０００もの巣を管理し、卵やヒナ鳥を天敵から守り、ヒナ鳥が巣立つまでの間、７〜10日ごとに３回にわたり、営巣中の巣から少しずつ、母鳥が敷きつめた羽毛を採取するのだ。代わりに干し草を補充したり、農家によってはバードハウスをつくり、鳥たちを風雨から守っている。また、親鳥からはぐれたヒナ鳥たちはまとめて人間が世話をし、自然に還すことも行っている。人間と鳥との間に見事な信頼関係が確立されているのだ。

このホンケワタガモの羽毛は「キング・オブ・ダウン」と呼ばれるほど保温性に優れ、そのうえ最も軽いダウンとして知られている。１キログラムのダウンを採るためには約60の巣が必要とされている。この羽毛を使った防寒用具や布団は、中世の頃には王族への贈りものにされたほどである。現在、この羽毛を使った布団は日本でも入手できるが、１枚80万円台〜１３０万円台もする超高級布団だ。

ここで紹介するエングモ・デューン社は、スウェーデン王室御用達のダウン製品のメーカーである。写真のダウンソックスはマーゴット・バローロによるデザインで、冷えやすい足元を温かく包んでくれるものだ。ソックスであるが裏側に滑り止めがないので、部屋の中を歩くのは避けるべきだろう。布地はエコテックス（人体の安全に有害な物質を含まない繊維を認証する国際団体）からの認証を得たもので、しっかりと縫い込みがなされており、羽毛が縫い目から出ることを防いでいる。このソックスの羽毛はホンケワタガモではないが、片方１００グラムの羽毛は足元の温かさを保証してくれるだろう。

ウールブランケット

ブランド：KLIPPAN（クリッパン）
素　材：毛100%（ゴットランドウール25％、ラムウール75％）
サイズ：W130㎝×L200㎝

北欧の住宅と、私たち日本の住宅の空間をあらためて見直してみると、同じ北方圏にありながら、その違いに愕然とする。最近の北海道の住宅は高気密・高断熱で、本州の住宅と比べ、冬は暖かく夏は涼しく過ごしやすい。そうしたことを可能にしたのが石油系の住宅用材であろう。断熱材はもちろん、サッシュやビニールクロス、床用タイル、カーペット等々、内装だけでなく外装材としてもさまざまなところに使われ、もはやなくてはならないものとなった。こうした石油系の素材に共通するのは、設置・施工が完了したときが最も美しいということである。そして以後、時を経るごとに薄汚れていき、十数年も経つと修復しがたい状態になる。

一方、北海道と同様に、暗く冷たい冬が長い北欧では、その生活を少しでも暖かく過ごすため、さまざまな自然の素材を日常生活に取り入れている。自然がもつ暖かさは物理的な面のみならず、精神的な面からも評価されていることは誰もが知るところであろう。かつての日本でも、そうしたライフスタイルや価値観があり、さまざまな分野において世界に誇れる文化を形成してきた。しかし、便利で快適になった現代住宅が、果たして本当に豊かな暮らしを生み出したのであろうか。石油系の建材を使った張りボテの住空間からどのような生活文化が育つのか不安な気がする。そうした中で、せめて日常に使用するテキスタイルぐらいは、化学繊維製ではなく綿や麻、それに羊毛などの天然素材を使いたいものだ。化学繊維にはないそれぞれの感触や色合いなど、捨てがたいテキスタイルデザインは国や地域ごとに多種多様に存在する。そしてそれらの素材は伝統的な方法で織られ、染色され、独特の織物文化を育んできた。

暖かさを演出することでは北欧をおいて他にはないが、ここで紹介するブランケットは、バルチック海に浮かぶゴットランド島に棲息するゴットランド・シープの毛で織られたものだ。密に織られた羊毛はしっとりと暖かく、その風合いは変わることがなく、しかも毛玉などはまったく発生しない。私は現在、自宅のさまざまなコーナーで6種類のブランケットを使っている。すべて北欧製で、ストライプやチェック、それにトナカイ柄などであるが、このゴットランド・シープのものは美しいチェック柄である。これらのブランケットはソファや寝椅子などにクッションとセットにしてインテリアコーディネートしている。単に膝に掛けるだけでなく、部屋のアクセントとしても役に立つものだ。我々日本人はもっとテキスタイルデザインに注目し、生活に取り入れてもいいのではないだろうか。

メール・ボックス

ブ ラ ン ド ： Allux（アルックス）

モ　デ　ル ： 8900

素材・仕上げ ： ガルバリウム（無塗装／焼付け塗装）

サ　イ　ズ ： W35㎝×D160㎝×H50㎝

カ　ラ　ー ： シルバー、ホワイト、ブラック

私たちが暮らす社会の基盤はコミュニケーションによって支えられている。このコミュニケーションの歴史をさかのぼると、その原始的な社会では、単にうなり声や叫び声によるメッセージの伝達であったかもしれない。またそれらに加え、手や表情を交えたより複雑な意味を伝達したのかもしれない。やがて言葉が発明され、さらに道具を使った絵画的表現により、記録性のあるメッセージが現れてくる。

この代表的なものが、約４万年前のアルタミラ、３万５千年前のラスコーなどの洞窟に見られる壁画である。こうした絵画的表現によるコミュニケーションは、やがて文字の誕生へと発達していくことになる。これが表意文字であり、一字一字がそれぞれ一定の意味を表わすものであり、漢字や古代エジプト文字がこれにあたる。一方、一字一字が音声を表わす文字が表音文字であり、音を表わすのみで特定の意味を表わすものではない。その代表がアルファベットや仮名文字である。

人類は文字の発明により、複雑なメッセージをより多くの人々にコミュニケートする手段を手に入れた。筆記用具は独特の文字を生み出したし、紙の発明はさらに複雑な情報を大量に保存することを可能にした。また、グーテンベルグ（１３９４～１４６８）による世界初の活版印刷は、その後の印刷技術を飛躍的に発展させることになった。さらに人類は電波という媒体までも手に入れ、ＩＴ技術の発達は第二次産業革命とまで言われるほどに世の中を変えてしまった。

このようにコミュニケーションの歴史は大きな発展を遂げたが、人類が文字を発明して以来、変わらぬコミュニケーション手段に手紙がある。その始まりは動物の骨に刻まれたり、竹に彫られたり、あるいは羊の皮に書かれたりした文字であった。紙の発明によりそれらの私信はコンパクトに折り畳まれ、人に託され届けられた。

現代では、ありとあらゆる人々が携帯電話やメールで瞬時にしてメッセージを伝えることが可能になった。しかしそこには、電子的に表現された単なる情報のみがコミュニケートされているだけである。一方、手と筆記用具によって書かれた個性的な文字や文章は、その人間性までも伝わってくるものである。

写真のメール・ボックスはデンマーク製である。単に郵便受けとは呼びたくないシンプルで美しいものだ。北欧ではかつて「日用品をより美しく」という運動があった。この作品も、そうした歴史の中から必然的に生まれたものであろう。上部の蓋を開け郵便物を入れ、中央部の錠を開けて内部のものを取り出す仕組みは盗難の恐れもない。こうした日用品を一流のデザイナーが手がけるところに、北欧のデザイン文化の奥深さを感じる。

ガルーシャ財布

ブランド：SILVANO BIAGINI（シルヴァノ・ビアジーニ）
モデル：ジップアラウンド長財布
素材：レザー100%
サイズ：W18.9㎝×D2.2㎝×H10㎝
カラー：NERO、BLUETTE、T.MORO、LAMPONE

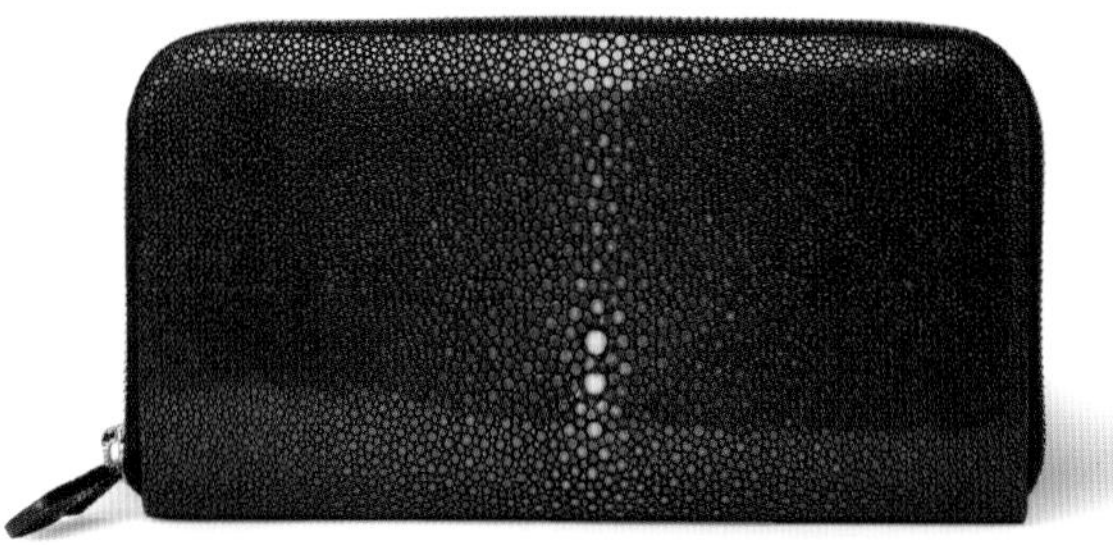

近現代に至るまで、世界ではさまざまな芸術ムーブメントが起こっては消えていった。その最初のものと考えられるのがイギリスで誕生した「アーツ・アンド・クラフツ運動」だ。蒸気機関の発明は産業革命を生み、石炭火力を動力源とした機械工業からは粗悪な大量生産が行われ、都市では深刻な環境の悪化を招いた。今日の温暖化の起点となったのだ。そんな中から生まれたのが、ウィリアム・モリスやジョン・ラスキンらによって中世の芸術や工芸に対する精神と、社会がそれらを受け入れ、理想的な融合を実現していた頃に戻るべきだとする運動であった。

その後、日本の芸術文化がヨーロッパに大きな影響を及ぼした「ジャポニズム」や、そこから派生した浮世絵の曲線や、蔓生植物に見られる美しい曲線を採り入れた「アール・ヌーヴォー」がある。機能性を無視したアール・ヌーヴォーに替わり、ウィーンではオットー・ワーグナーやヨーゼフ・ホフマンらが曲線美を否定し、直線的で幾何学的なモチーフを活かした作品を発表。過去の芸術様式からの離別を意図した「ゼツェッション＝分離派」を立ち上げた。この分離派の中からウィーン工房が設立され、工房作品は１９２５年、パリの国際装飾美術展に出品され高い評価を得た。この展覧会の略称としてアール・デコ(アール・デコラティフ＝装飾美術)と呼ばれる芸術様式が生まれたのである。

この様式は別名、１９２５年様式とも呼ばれるもので、ガラス器や陶器をはじめ、テキスタイル、家具、ファッション、グラフィック、建築など、ありとあらゆる分野にその様式が取り入れられた。その特徴は直線と曲線をバランスよく組み合わせた造形と、高価な材料が惜しみなく使われていたことである。例えば、象牙やニシキヘビの革、ヒョウや羊の胎児の毛皮、黒檀や紫檀、銀やクロームメッキのスチール、そして写真の作品に使われているガルーシャ(サメやエイの革を加工したもの)が家具の材料として使われた。そのためアール・デコ様式は富裕層のための様式とも言える。ＮＨＫで放映された「名探偵ポワロ」はアール・デコの時代を舞台としたもので、イギリスならではの見事な時代考証に基づき、登場人物のファッションからインテリアコーディネートまで当時の時代風景が完璧なまでに再現されていた。

写真の長財布は先に述べたガルーシャである。高級皮革としてアール・デコ様式時代によく見られたが、その加工が難しかったのかこの素材が後に使われることはなかった。

この製品はイタリアのシルヴァノ・ビアジーニ社が現代によみがえらせてくれたものだ。同社のものはエイの革を使ったものでビーズか真珠をちりばめたかのような美しさである。特に目立つ白い点はエイの感覚器官の部分である。アール・デコの時代にはガルーシャを全面に張ったキャビネットやチェストが多くつくられたが、それら当時のオリジナルの家具がオークションに出品されると億単位の落札額になっている。今も昔もアール・デコは富裕層に支持されている。

MADAM STOLTZ 製品

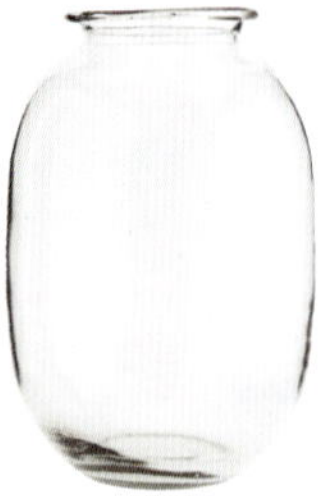

ブランド：MADAM STOLTZ（マダム・ストルツ）

Round Glass Vase
素　材：手吹きガラス
サイズ：W22㎝×D22㎝×H34.5㎝
Bamboo Flower Pot Stand Set
素　材：バンブー、ラタン、アイアン
サイズ：Small／W20㎝×D20㎝×H33㎝、Large／W22㎝×D22㎝×H36㎝
Mango Wood Magazine Rack
素　材：マンゴーウッド、アイアンゴールド
サイズ：W51㎝×D31㎝×H32㎝

日本経済のバブルが崩壊し、デフレスパイラルに陥って久しい。その結果、衣・食・住のすべての分野において超低価格のファスト化が進行し、日本の生活文化の著しい低下を招いている。超低価格商品は消費者にとってまことに都合が良い印象を受けるが、とんでもないことである。少しでも安価な製品を求めた結果、ものづくりの現場は国外へと移り、産業の空洞化によって日本の製造業は壊滅的な打撃を受けた。そうした製造業に携わらない人たちは、「自分に関係のないこと」と思うかもしれない。しかし経済は私たちの暮らしと密接に関わっている。そして、その影響は何らかの形で自分たちに降りかかるのだ。

デザイン性や安全性、機能性、耐久性など品質が高いレベルで保たれた上での低価格、例えば、通常価格は高くとも、展示見本や、目立たないほどの小さな傷があったり、旧モデル等、ワケありの納得のいく低価格は買い得感もあり、歓迎すべきものである。

しかし、新興国や発展途上国の安い労働賃金や劣悪な労働環境、さらにデザイン開発費を省くため、先人の残した名作のコピーやイミテーションの製造、そして、安さゆえの構造や素材等の安全性など、その価格の裏側に潜む問題点に思いをはせることもなく購入する。それらに共通するのは、すぐに飽きることであり、間に合わせ的な商品寿命の短いものである。これらは結果として、資源やエネルギーの無駄使いにつながり、短期間で廃棄されることで起こる環境破壊も問題である。

写真の製品たちは、デンマークのペルニッレ・ストルツと夫のペーターによって創設されたブランド「マダム・ストルツ」のものである。これらの製品はインドのNGO代表、ナイ・ディーシャが推進する、貧困層の子どもたちに教育の機会を与えるプロジェクトに協力する形で実現したものだ。

新興国や開発途上国では先進国によるアンフェアな取り引きが行われ、経済格差を拡大させてきた現実がある。そうした問題を解決すべく生まれたのがフェアトレードである。その理念は、途上国の人たちに対して、対話・透明性・敬意を基盤とし、より公平な条件下で国際貿易を行うことを目指す貿易パートナーシップである。生産者側の権利を守りつつ、持続可能な発展に貢献し、その支援と啓発活動を目指すものだ。

このマダム・ストルツの会社は必ずしもフェアトレードの国際的な団体に加盟しているわけではない。しかし、その成り立ちはフェアトレードの精神や理念に限りなく近い。そのため安価過ぎることなく、また高価なこともなく、そのデザイン性や品質を考えると極めて手頃な価格設定がなされている。そして、そうした理念に賛同した店舗で販売され、私たちもそれらを購入することで支援できるのだ。

OREBO Cutting Boards

ブランド：OREBO（オレボ）
デザイナー：Nanna Ditzel（ナナ・ディッツェル）
素　材：アッシュ、オーク
サイズ：Φ35㎝/40㎝、H3.5㎝

木は人類の誕生とともに活用されてきた。有用植物の代表的な木は、他の物質と比べ、丈夫な割に加工が容易であり、温もりのある質感はさまざまな道具に加工され、人類の生活には欠くことのできないものであった。

木が私たちの生活の中で道具として使われるまでにはさまざまなプロセスがあり、それらに関わる人たちも多種多様である。国産材、輸入材を問わず、今日では大型の重機を使って森から伐り出される。しかし、多くの場合、重機のための現場に至るルートは確保されておらず、目的の樹木以外の若齢木までもが犠牲になる。そしてルールが守られない現場では皆伐が起こり、大きな環境問題を引き起こす。

森から伐り出された木は貯木場に集められ出荷を待つ。原木の丸太のままで乾燥が進むと「割れ」が発生するため、スプリンクラーで散水したり、水に浮かべて貯木される。

木材業者により買い上げられた原木は、製材工場においてそれぞれの用途を想定した厚さに板材、角材として製材される。これらの材はやがて家具メーカーや、木製日用品のメーカーに買い取られる。そこでは2〜3年かけて屋外で天然乾燥、または人工乾燥をさせ、木の「暴れ」を治めた後に加工されるのだ。ここまでのプロセスは林業・木材業の領域であり、現在のメーカーはこうしたプロセスの機能を持たないのが一般的だ。しかし、ここで紹介するデンマークのオレボ社は、自社で原木の調達から製品までを一貫して行うまれな例である。

オレボ社では、会社を中心として１００キロメートル四方に存在する森の所有者と契約を結び、それらの森からアッシュ材とオーク材の樹齢約70年のものを選び、月平均15〜16本を伐採し、自社で製材・人工乾燥をかけている。原木からの仕入れのため、木を無駄に使うことなく、すべて利用される。製材や加工時に発生する木片も暖房用に利用されている。デンマークは国土が平坦であり、台風もないため木は真っすぐに育ち、伐採現場には道路も整備されているため、伐採による若齢木の犠牲はない。環境先進国ならではのものづくりと言えよう。

写真のカッティングボードはデンマークの著名な女性デザイナー、ナナ・ディッツェルの作品だ。旭川国際家具デザインコンペティションでの受賞もある。家具から銀製品までその活動の幅は広い。それらのデザインには明確なデザインキーワードが共通して見られる。このカッティングボードもその例外ではない。それは「丸」という形である。彼女のデザインはほとんどが丸をアレンジしたもので、それはデンマークの伝統でもある機能からのデザインアプローチではなく、形からのデザインアプローチである。しかし、だからと言って機能を無視しているわけではない。

Q-TEE2

ブランド：RAIS（ライス）
素　材：本体／スウェーデン鋼板、フロントドア／全面ガラス
サイズ：W58.2㎝×D41㎝×H88.3㎝

【火】①物質が酸素と化合し、熱、光を伴って燃焼する現象。②ものが燃えるときの熱い炎。③炭火。焚火。④調理のための熱。⑤火事。火災。⑥火打ち火。切火。⑦激しい情熱(旺文社・国語辞典から)。こうした火に関する多くの要素には物理的な意味と精神的な意味の2通りがある。

人類が太古の昔「火」というものを手にしたときから人類の進化が始まったと言っても過言ではない。火はその扱い方次第で動物から身を守る武器になったり、暖をとり、狩りで得た食糧の調理など、火が人類にもたらした有益性は計りしれないものである。そんな火はほんの一世紀ほど前までは暮らしの中に炎として当たり前に存在していた。例えばいろりや台所でのかまど、風呂の湯わかし、仏壇の灯明など、家屋内で火を燃やしていた時代があった。しかし、そうした火は火事の原因ともなり、安全性を優先するため、そして生活文化の向上のため、電力やガス、石油類が導入されると急速に姿を消した。

薪は燃やすことで煙や灰が生まれる。日本人はそうした副次的産物まで利活用した。例えば煙は茅葺き屋根の中に潜む害虫を殺したり、建築材の表面をススで覆うことで材を長持ちさせた。またススはにかわで練り墨を生み出した。そして、灰は火鉢で使われたり、食材のアク抜きや、畑の肥料などにも使われた。

このように火は人間の生活に欠かせないものであったが、現代生活においては電磁調理器のようにその熱源を視覚的に認識できるものは少ない。そんな中にあって薪ストーブは木を燃焼させて熱を得るという人類の歴史とともにあった根源的かつ原始的な暖房器具である。しかし、薪ストーブは地域や建築仕様により、その使用に制約があるため専門家のアドバイスが必要だ。

デンマークのライス社の薪ストーブはデザイン性、機能性ともに最高のものだ。全体を構成している鉄板は高温下でも劣化しない堅牢な4ミリ厚のスウェーデン鋼が使われ、断熱材はバーミキュライトと呼ばれる鉱物の微細粒を熱処理し、モールド発泡させたものを使っている。このモールド発泡断熱材はストーブの構造に合わせてつくられるため断熱切れがなく熱をもらすことがない。さらに一次燃焼した炎と煙は高温の空気(酸素)を送り込み二次燃焼させることでより燃焼効率を高め、煙突からの煙は視認できないほどである。一日分の薪ストックは下部左側に確保されていて、その右側には空気取り入れ口からのパイプが格納されている、端正で極めて美しいミニマルデザインである。また、ストーブの天板は調理も可能な広さが確保されていて、ポトフなどの煮込み料理などに対応できるものだ。

火というものは不思議な力をもっており、人々を集わせたり、人間関係を密にする働きがある。このストーブの中にゆらめく炎がどんなドラマを生みだすのだろう。

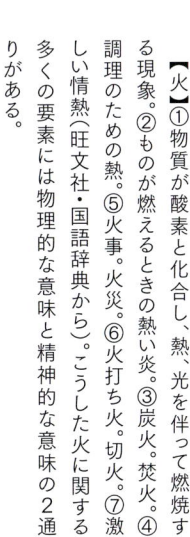

終わりに

2002年、本書籍のタイトルでもある『世界の名品・定番品 その愛される理由』の連載を、北海道生まれの住宅雑誌「Replan」で担当させていただくことになった。20世紀に誕生したロングセラー、ロングライフな名品を1年に4回（季刊）紹介するというもので、その初回に取り上げたのは、1859年に発売以来、165年を経た現在でも販売されており、これまでに世界中で2億脚以上も売られた名品中の名品、ミヒャエル・トーネットの曲木椅子〈ベントウッドチェア・モデルNo.14／P・6〉だった。このトーネットの椅子をはじめ、私の独断と偏見で選んだ90点を、22年半にわたり紹介させていただいた。中には商品の取り扱い先やメーカーそのものがなくなったものもあり、数十年間にわたり販売され続ける商品を生み出すことがいかに難しいのかが分かる。

そもそも、ものの寿命にはいくつかの要素があり、どの1つが欠けてもものはものとして生き延びることができない。それは1素材の寿命、2構造の寿命、3機能性の寿命、4デザインの寿命である。素材は経年劣化によりものの寿命を短命化する。構造も、経年劣化や扱い方で構造に破錠を来し、安全性にも問題を生じる。機能性もまた使用頻度に応じて低下する。デザインは時代を超越するような普遍的なデザイン、換言すれば飽きの来ないデザインが求められるのだ。これらの要素を満たした商品を生み出したデザイナーやメーカーの職人たちのものづくりに対する情熱に想いをはせ、大切に使い続け、最後まで使いきることはユーザーとしての責任でもある。「本当に優れた良いものを、愛着を持って使う」。こうした価値観がメーカーや販売店を存続させ、名品を名品たるものにしていくのだ。

残念ながら、現在のものの在り方は価格訴求のファスト製品が市場を独占しているかのようだ。ファスト製品は所詮間に合わせのものでしかなく、資源やエネルギーの浪費であり、いとも簡単に捨てられることで環境破壊につながる。安易にものを購入することなく、そのときの予算で最高のものを吟味して購入すべきである。つくる側の責任、売る側の責任、買う側の責任が問われているのだ。

こうした考え方は、私のものに対する価値観であり、この価値観を他人に押しつけるものではない。しかし、これからの未来を考えた時、若い世代の方たちに伝えておきたい私からのメッセージとして受け取っていただければ幸いである。

最後にこれまでの二十数年間、連載を支えていただいた札促社編集部の皆様と、多くの画像を提供してくださったメーカーおよび販売店の皆様方にお礼申し上げます。

写真提供企業一覧

No.01	Bentwood Chair No.14(214)	FLACE(フレイス)	006
No.02	Swiss Army Knife	ビクトリノックス ジャパン	008
No.03	Kellner Steckfiguren	株式会社アトリエ ニキティキ	010
No.04	ML10097 Egyptian Table	CARL HANSEN & SØN(カール・ハンセン&サン)	012
No.05	DUX Bed	ルカ株式会社	014
No.06	Cesca Chair	株式会社インターオフィス	016
No.07	Armchair 41 "Paimio"	Artek(アルテック)	018
No.08	MK99200 Folding Chair(Grand Child Chair)	株式会社ロイヤルファニチャーコレクション	020
No.09	Alvar Aalto Collection(Savoy)	フィスカース ジャパン株式会社	022
No.10	Shoemaker Stool	株式会社ロイヤルファニチャーコレクション	024
No.11	Grand Prix Series	株式会社シーアンドサイン	026
No.12	522 Tokyo	株式会社カッシーナ・イクスシー	028
No.13	CHEMEX Coffeemaker	Replan北海道 vol.90より転載	030
No.14	CH410 Peter's Chair&CH411 Peter's Table	CARL HANSEN & SØN(カール・ハンセン&サン)	032
No.15	Eames Elephant	Vitra(ヴィトラ)	034
No.16	The Spoke-Back Sofa	スカンジナビアン・リビング	036
No.17	Eames LCM	ハーマンミラージャパン	038
No.18	Graphic Rug	メトロクス	040
No.19	J39 Shaker Chair	スカンジナビアン・リビング	042
No.20	Nelson Clock	Vitra(ヴィトラ)	044
No.21	CH26 Chair	CARL HANSEN & SØN(カール・ハンセン&サン)	046
No.22	699 Superleggera	株式会社カッシーナ・イクスシー	048
No.23	FJ Fruit Bowl	ARCHITECTMADE(アーキテクトメイド)	050
No.24	Monkey	株式会社シーアンドサイン	052
No.25	PP19 Papa Bear Chair	スカンジナビアン・リビング	054
No.26	Fiorenza	株式会社アルフレックス ジャパン	056
No.27	Meisterstück 149	リシュモンジャパン株式会社(モンブラン)	058
No.28	F031 Desk & CM231 Chair	メトロクス	060
No.29	Peter	株式会社アトリエ ニキティキ	062
No.30	Ulm Stool	メトロクス	064
No.31	Lamino Chair	Replan北海道 vol.65より転載	066
No.32	Secticon	メトロクス	068
No.33	Turning Tray	ARCHITECTMADE(アーキテクトメイド)	070
No.34	16 ANIMALI／16 PESCI	有限会社クワノトレーディング	072
No.35	2097	フロスジャパン株式会社	074
No.36	PH 5	louis poulsen(ルイスポールセン)	076
No.37	RIEDEL Wine Glass	リーデル・ジャパン(RSN Japan株式会社)	078
No.38	Lounge Chair C-3160	株式会社ワイ・エム・ケー長岡	080
No.39	Modus Easy Chair	株式会社アニック アソシエイツ	082
No.40	Ameland	有限会社クワノトレーディング	084
No.41	Arco	フロスジャパン株式会社	086
No.42	Blue line	フィスカース ジャパン株式会社(ロイヤル コペンハーゲン)	088
No.43	Cestita Alubat	Lynnbelys(有限会社LYNN INKOOP(リンインクープ))	090
No.44	Nesso	アルテミデ・ジャパン株式会社	092
No.45	radio.cubo	株式会社ネイビーズ	094

書名	織田憲嗣の世界の名品・定番品　その愛される理由
著作者名	織田 憲嗣
発行日	2025年3月18日　初版第1刷発行
発行	株式会社 札促社 〒063-0004 北海道札幌市西区山の手4条3丁目3-29 Replan House TEL.011-641-7855 https://www.replan.ne.jp
発売	株式会社 星雲社（共同出版社・流通責任出版社） 〒112-0005 東京都文京区水道1-3-30 TEL.03-3868-3275　FAX.03-3868-6588
印刷・製本	岩橋印刷 株式会社

ISBN 978-4-434-35293-5 C0095